Matemáticas 4º ESO
3. Polinomios

José Rodolfo Das López

Matemáticas 4º ESO - 3. Polinomios
© José Rodolfo Das López, 2018.
Correo Electrónico: `jose.das@jrdas.org`
Diseño portada y contraportada: Claudia Escribano Máñez
Edita: Sección del IES Fernando III de Ayora en Jalance

ISBN: 978-84-17613-03-7
Depósito Legal: V-1552-2018
1ª edición: Mayo, 2018

Índice

Índice	**3**
1 Monomios	**5**
2 Los polinomios y sus elementos	**7**
3 Operaciones con polinomios	**8**
4 Potencias de polinomios. Identidades notables	**19**
5 División de polinomios	**28**
6 Regla de Ruffini	**38**
7 Descomposición de un polinomio en factores	**47**
8 Fracciones algebraicas	**58**
Soluciones	**70**

1 Monomios

Un **monomio** es una expresión algebraica en la que se utilizan letras, números y signos de operaciones. Las únicas operaciones que aparecen entre las letras son el producto y la potencia de exponente natural.

Ejercicio resuelto 1.1

Determina si $-5x^2$, $x+y$, $\sqrt{x}$ *y* $\frac{1}{x}$ *son polinomios o no.*

$-5x^2$ es un monomio, en cambio $x+y$ no lo es, ya que aparece una suma, así como tampoco $\sqrt{x}$ o $\frac{1}{x}$, ya que al transformarlas en su forma de potencia, $x^{\frac{1}{2}}$ y x^{-1}, respectivamente, no son potencias de exponente natural.

Un monomio se compone de dos partes, la parte numérica, a la que llamamos **coeficiente** (en el ejemplo anterior, el coeficiente de $-5x^2$ es -5) y la parte en la que figuran todas las letras, a la que llamamos **parte literal** (en el ejemplo, x^2). Además, cada una de las distintas letras que aparecen en la parte literal se denomina **variable**, mientras que la suma de los exponentes a los que están elevados cada una de las variables recibe el nombre de **grado** (en el ejemplo, la única variable que aparece es la x y el grado del monomio es 2). Dos monomios se dice que son **semejantes** si tienen la misma parte literal.

1.1. Operaciones con monomios

Suma y resta de monomios. Sólamente podemos sumar o restar dos monomios que sean semejantes. Cuando éste sea el caso, sumaremos o restaremos los coeficientes y mantendremos intacta la parte literal. En el caso de que los monomios no sean semejantes, dejaremos la operación indicada.

Ejercicio resuelto 1.2

Realiza la suma $6x^3 + 5x^3$.

Como ambos monomios tienen la misma parte literal, x^3, son semejantes y por tanto se pueden sumar. Los coeficientes son 6 y 5, por lo que su suma es 11. Así el resultado final es $11x^3$.

Multiplicación de monomios. Dos monomios siempre pueden multiplicarse. Realizaremos por separado las multiplicaciones de los coeficientes y las de las partes literales:

- Los coeficientes se multiplican, expresando el resultado en forma de fracción cuando sea necesario.

- Para las partes literales, distinguimos dos casos:

  - Para las variables que están en ambos monomios sumaremos sus exponentes.
  - Las variables que no sean comunes a ambos monomios se concatenan sin más.

Ejercicio resuelto 1.3

Multiplica $-7x^4 \cdot 3x^2 y$.

Por un lado multiplicamos los coeficientes: $-7 \cdot 3 = -21$. Por otro lado, para la parte literal, nos encontramos con una variable común a ambos monomios, x, que se multiplica sumando los exponentes: $x^4 \cdot x^2 = x^{4+2} = x^6$ y por otra parte aparece en el segundo monomio la variable y, que como no tiene correspondencia en el primer monomio se concatenará al resultado: Con esto, la operación queda:

$$-7x^4 \cdot 3x^2 y = -21x^6 y$$

Ejercicios

1. Realiza las siguientes operaciones:

   (a) $6x^2 + 4x^2 - 7x^2 =$

   (b) $9x^2 \cdot 5x^3 =$

   (c) $-2x \cdot (-6x^8) =$

   (d) $-x^4 - 3x^4 - 5x^4 =$

   (e) $-4x^6 \cdot x^2 =$

   (f) $3x^5 \cdot (-4x) =$

División de monomios. Sean $A(x)$ y $B(x)$ dos monomios tales que el grado de $A(x)$ es mayor que el de $B(x)$. El cociente de $A(x)$ entre $B(x)$ es otro monomio que tiene por coeficiente y por parte literal el cociente de los coeficientes y de las partes literales de $A(x)$ y $B(x)$, respectivamente.

Si el grado de $A(x)$ es menor que el de $B(x)$, la división se efectúa de misma forma, pero el cociente no es un monomio.

Ejercicio resuelto 1.4

Realiza las operaciones $8x^5 : (2x^3)$ y $6x^2 : (3x^4)$.

- $8x^5 : (2x^3) = (8:2)(x^5 : x^3) = 4x^{5-3} = 4x^2$

- $6x^2 : (3x^4) = (6:3)(x^2 : x^4) = 2x^{2-4} = 2x^{-2}$ no es un monomio, ya que la variable x está elevada a un número negativo.

Ejercicios

2. Divide los siguientes monomios:

   (a) $10x^6 : (5x^5) =$

   (b) $18x^7 : (6x) =$

   (c) $35x^7 : (7x^2) =$

   (d) $5x^3 : (3x) =$

   (e) $2x^6 : (7x^5) =$

   (f) $8x^{10} : (3x^3) =$

   (g) $16x^8 : (6x^3) =$

   (h) $-10x^5 : (4x^2) =$

   (i) $5x^6 : (10x) =$

Ejercicios

3. Efectúa las siguientes divisiones:

   (a) $4x^{10} : (-2x^7) =$

   (b) $(10x^3 + 5x^2 - 20x) : (5x) =$

   (c) $(3x^6 + 3x^5 - 6x^4 - 9x^3) : x^3 =$

   (d) $(3x^8 - 5x^2 + 2x^3) : (-2x^2) =$

   (e) $(3x^5 - 8x^4 - 3x^2 + x) : (-x) =$

   (f) $4x^2y : (2xy) =$

   (g) $28x^3y^2 : (4x^2y^2) =$

   (h) $17x^7y^5 : (7x^4y^5) =$

2 Los polinomios y sus elementos

Un **polinomio** es la suma o resta de varios monomios no semejantes. Un polinomio consta de:

- **Términos.** Son los monomios que lo componen.
- **Coeficientes.** Los de los monomios que lo forman.
- **Término independiente.** Es el monomio de grado cero, en el caso de que exista.
- **Grado.** Es el mayor de los grados de sus monomios.

Un polinomio **ordenado** es aquel cuyos términos están escritos en orden decreciente de sus grados.

Ejercicio resuelto 2.1

Identifica los elementos del polinomio $P(x) = -5x^4 + x^2 - 3x + 6$.

El polinomio $P(x) = -5x^4 + x^2 - 3x + 6$ posee los siguientes elementos:

- Términos: $-5x^4, x^2, -3x, 6$
- Coeficientes: $-5, 0, 1, -3, 6$
- Término independiente: 6
- Grado: 4

Ejercicios

4. Escribe los términos, los coeficientes, el término independiente y el grado de los siguientes polinomios:

   (a) $P(x) = 8x^3 - 2x^2 + 5x + 1$

   (b) $Q(x) = 4x^5 + x^3 + 4x^2$

3 Operaciones con polinomios

Para realizar operaciones con polinomios es aconsejable que estén ordenados.

Suma y resta de polinomios. La suma de dos polinomios es otro polinomio formado por la suma de los monomios semejantes y por los monomios no semejantes de ambos.

El polinomio **opuesto** de un polinomio dado es aquél que resulta sustituir todos los coeficientes del polinomio por sus opuestos. Para restar dos polinomios se suma al minuendo el opuesto del sustraendo.

Ejercicio resuelto 3.1

Suma los polinomios $P(x) = 6x^3 - 4x^2 + x + 2$ y $Q(x) = -3x^4 + 5x^3 - x^2 + 5$.

La suma es:
$$P(x) + Q(x) = (6x^3 - 4x^2 + x + 2) + (-3x^4 + 5x^3 - x^2 + 5) = -3x^4 + 11x^3 - 5x^2 + x + 7$$

El opuesto de $Q(x)$ es
$$-Q(x) = 3x^4 - 5x^3 + x^2 - 5$$

y su diferencia, expresada como la suma del opuesto del polinomio $Q(x)$
$$P(x) - Q(x) = P(x) + (-Q(x)) = (6x^3 - 4x^2 + x + 2) + (3x^4 - 5x^3 + x^2 - 5) =$$
$$= 3x^4 + x^3 - 3x^2 + x - 3$$

Multiplicación de polinomios. Para multiplicar varios polinomios se multiplican dos cualesquiera; el resultado se multiplica por otro de los restantes, y así sucesivamente. La multiplicación de dos polinomios es igual a otro polinomio cuyos términos resultan de multiplicar cada monomio de un factor por todos los monomios del otro y después sumar los términos semejantes.

Ejercicio resuelto 3.2

Multiplica los polinomios $P(x) = 4x^3 - 2x^2 + x + 6$ y $Q(x) = -3x^2 - 5x$.

El resultado es:
$$P(x) \cdot Q(x) = (4x^3 - 2x^2 + x + 6) \cdot (-3x^2 - 5x) =$$
$$= 4x^3(-3x^2 - 5x) - 2x^2(-3x^2 - 5x) + x(-3x^2 - 5x) + 6(-3x^2 - 5x) =$$
$$= -12x^5 - 20x^4 + 6x^4 + 10x^3 - 3x^3 - 5x^2 - 18x^2 - 30x =$$
$$= -12x^5 - 14x^4 + 7x^3 - 23x^2 - 30x$$

Las operaciones con polinomios siguen la misma jerarquía que las operaciones con números reales:

1. Operaciones incluidas entre paréntesis.

2. Potencias.

3. Multiplicaciones y divisiones, de izquierda a derecha.

4. Sumas y restas, de izquierda a derecha.

Sacar factor común. Cuando aparece un factor común a todos los términos de un polinomio, éste se puede descomponer en la multiplicación de dos factores, esta operación se denomina sacar factor común.

Ejercicio resuelto 3.3

Sacar factor común del polinomio $-9x^4 + 12x^3 - 3x^2$.

$$-9x^4 + 12x^3 - 3x^2 = -3 \cdot \underbrace{3 \cdot x \cdot x}_{} \cdot x \cdot x + 2 \cdot 2 \cdot \underbrace{3 \cdot x \cdot x}_{} \cdot x - \underbrace{3 \cdot x \cdot x}_{} =$$
$$\text{factores comunes a los tres sumandos}$$
$$= 3 \cdot x \cdot x \cdot (-3 \cdot x \cdot x + 2 \cdot 2 \cdot x - 1) = 3x^2(-3x^2 + 4x - 1)$$

Ejercicios

5. Suma los términos semejantes y ordena estos polinomios:

   (a) $P(x) = 5x^3 - 2x + 4x^2 - x^6 + x^2 - 4x^6 + 2x^5 =$

   (b) $Q(x) = 2 + 3x^6 - \frac{1}{3}x^2 + \frac{1}{2}x^4 + 5x^2 - \frac{4}{3}x =$

   (c) $R(x) = \frac{1}{2}x - 2 + \frac{4}{3}x^2 - \frac{5}{3}x + x^3 - \frac{1}{2}x^2 + 4 =$

   (d) $S(x) = \frac{\sqrt{2}}{3}x^3 - \frac{1}{3}x + \sqrt{2}x^2 - \frac{5}{3}x^3 + x^5 - 2 =$

6. Escribe el opuesto de los siguientes polinomios:

   (a) $5x^2 - 3x^2 + 4$

   (b) $-3x^4 + 5x^3 - 3$

   (c) $-6x - 5x^3 + 8$

   (d) $4x^2 - 2x^3 + 5$

Ejercicios

7. Calcula cada una de las siguientes sumas y restas con polinomios:

   (a) $(6x^3 - 2 + 2x^2 - x^4) + (5 - 3x^2 + 2x - 7x^4)$

   (b) $(6x^3 - 2 + 2x^2 - x^4) - (5 - 3x^2 + 2x - 7x^4)$

   (c) $(4x^5 - 3x^2 + 2x - 5) + (7x^4 + 4x^2 - 5x)$

   (d) $(-5x^4 + 2x^6 - 3x^2) - (-2x^2 + 1 + 3x^5 + 4x^4)$

   (e) $\left(\frac{3}{4}x^2 - 3x - \frac{7}{2}\right) + \left(\frac{5}{4}x^2 - 5x + \frac{3}{2}\right)$

   (f) $\left(x^4 - \frac{2}{3}x^2 + \frac{3}{2}x\right) - \left(2x^3 - \frac{1}{2}x^2 + \frac{2}{3}x\right)$

   (g) $(3x^4 - x^3 + 2x - 4) - (2x^4 + 2x^2 - 3x)$

8. Dados los polinomios $P(x) = 3x^4 - 2x^3 + x^2 + \frac{3}{4}x$, $Q(x) = \frac{1}{3}x^4 - \frac{2}{3}x^2 - 3$ y $R(x) = -2x^3 + \frac{1}{2}x + 6$, calcula las sumas y restas que se indican.

   (a) $P(x) + Q(x) - R(x)$

   (b) $P(x) - Q(x) - R(x)$

   (c) $2P(x) + Q(x) - 2R(x)$

   (d) $2P(x) + Q(x) + \frac{1}{2}R(x)$

Ejercicios

9. Dado el polinomio $P(x) = -x^5 + 3x^3 - 2x + 3$, busca el polinomio que restado de $P(x)$ dé como resultado los siguientes polinomios.

    (a) $-x^4 + 3x^3 - x + 2$

    (b) $-3x^5 + 4x^3 - 3x^2 - 2x + 6$

10. Dados dos polinomios, $P(x)$ y $Q(x)$, explica por qué se verifica que $P(x) + Q(x) = Q(x) + P(x)$.

11. Efectúa las siguientes multiplicaciones de polinomios y reduce los términos semejantes.

    (a) $(3x^2 - x) \cdot (2x^3 - 4x + 5)$

    (b) $(x^4 - x^3 - 2x^2 - 4) \cdot (x^3 + 5x + 6)$

    (c) $\left(\frac{1}{2}x^2 - \frac{2}{5}\right) \cdot (10x^2 - 20x - 10)$

    (d) $\left(\frac{4}{3} - \frac{3}{2}x\right) \cdot \left(6x^2 - \frac{3}{2}x + \frac{2}{3}\right)$

    (e) $(3x^2 + 2x - 5) \cdot (2x^2 + x - 3)$

    (f) $(2x - 3) \cdot (-2x^2 + 2) + x(-2x^2 + x + 1)$

    (g) $4(x^3 - x + 3) - 2(x^2 + 3x) \cdot (-2x + 5)$

    (h) $(-3x^5 + 4x^3 - 2x + 4) \cdot (-2x^4)$

Ejercicios

12. Efectúa las siguientes multiplicaciones de polinomios y reduce los términos semejantes.

    (a) $(5x^4 + 2x^3 - 3x) \cdot (7x^3 - 3)$

    (b) $(-3x^3 + 7x^5 - 3x^6 + 2) \cdot (5x^4 + 8x^2)$

    (c) $(7x^3 - 2x^2 + x) \cdot (-2x^2 + 3x - 1)$

    (d) $(3x^3 + 2x^2 - 3) \cdot (-x^2 + 2x + 5)$

    (e) $(x^3 + 2x^2 + 3x + 4) \cdot (5x - 2)$

    (f) $(x^2 + 3x + 9) \cdot (x - 3)$

    (g) $(x^3 + 2x^2 + 4x + 8) \cdot (x - 2)$

    (h) $(x^3 - x^2 + x + 1) \cdot (x^2 + x - 1)$

    (i) $(x^4 - 3x^2 + 6x - 10) \cdot (x^3 - 3x)$

13. Multiplica los polinomios $P(x) = 2x^3 - x^2 + 3$ y $Q(x) = -x^3 + 2x^2 - 3$, escribiendo los productos parciales en la misma línea.

Ejercicios

14. Efectúa las siguientes multiplicaciones y reduce los términos semejantes.

    (a) $(2x - 3y + 1) \cdot (3x + 2y - 6)$

    (b) $\left(\frac{1}{4}x - \frac{2}{3}y\right) \cdot \left(\frac{3}{2}x + \frac{8}{3}y\right)$

    (c) $(x^2 + 3y - z^2) \cdot (x^2 + 3y + z^2)$

15. Realiza las siguientes operaciones combinadas:

    (a) $3(x^2 + x - 1)(x^2 + 5) - 5x^4 + 2x - 2(x + 3)(x^3 - x)$

    (b) $(2x^3 - 3x^2 + x - 1)(x^2 + 2) - (x - 3)(x^3 - 5)$

    (c) $\left(x - \frac{1}{5}\right)(x + 5) - \left(x + \frac{1}{2}\right)\left(x - \frac{2}{3}\right)$

Ejercicios

16. Realiza las siguientes operaciones combinadas:

    (a) $\left(\frac{2}{3}x^3 + \frac{1}{2}x^2 + 2x - 3\right)\left(x + \frac{3}{2}\right) - \left(\frac{1}{3}x^3 - 2\right)\left(x + \frac{3}{4}\right)$

    (b) $\left(\frac{3}{2}x^2 - \frac{1}{3}x^4 + 2\right) - \left(\frac{5}{3}x^4 - 7x^3 + \frac{1}{2}x^2 - \frac{1}{2}\right)$

    (c) $\left(\frac{1}{2}x + \frac{1}{4}\right) \cdot (8x^6 + 4x^3 - 2x)$

    (d) $\left(\frac{3}{5}x^4 - \frac{2}{3}x^3 + \frac{1}{4}\right) + \left(-\frac{1}{2}x^4 + \frac{4}{3}x^3 + \frac{2}{5}x^2 - \frac{3}{2}\right)$

    (e) $\left(\frac{2}{5}x^3 + \frac{3}{2}x^2 + \frac{1}{2}\right) \cdot \left(\frac{1}{2}x^3 + 2x^2\right)$

    (f) $5(x^2 - 2) - 2(2 - 3x + 2x^2) + \frac{1}{3}(6 - 3x^2)$

Ejercicios

17. Realiza las siguientes operaciones combinadas:

    (a) $5x^2 - 4[3(x^2 - x) - (2x^2 - 3x + 4)]$

    (b) $(x-2)(2x+1) - (1-x^2)(5x-2)$

    (c) $(2-x)[(x-4)^2 - (x-2)\cdot(x-3)]$

18. Reduce las siguientes expresiones con coeficientes fraccionarios

    (a) $\dfrac{x^2+1}{3} + 6\cdot\dfrac{x^2+2}{4} - \dfrac{x(x+6)}{6}$

    (b) $\dfrac{2x-1}{5} + \dfrac{x}{2}\cdot\dfrac{3x+2}{2} - \dfrac{1}{5}x(x+1)$

Ejercicios

19. Realiza las operaciones indicadas con los siguientes polinomios: $P(x) = x^4 - 3x^3 + 2x - 2$, $Q(x) = -x^3 - 3x^2 + 5x + 1$, $R(x) = x^2 + 2$ y $S(x) = -3x^3 - 1$

    (a) $P(x) + Q(x) - R(x)$

    (b) $P(x) \cdot R(x) - Q(x) \cdot S(x)$

    (c) $2P(x) + Q(x) \cdot S(x)$

    (d) $Q(x) \cdot R(x) \cdot S(x)$

    (e) $-3P(x) \cdot Q(x) - 7$

    (f) $\frac{1}{2}P(x) - \frac{1}{3}Q(x)$

20. Dados los polinomios $P(x) = 2x^4 - 3x^2 + 5x - 2$, $Q(x) = 3x^3 + 5x^2 - 8x + 1$ y $R(x) = -3x^4 + 2x^2 - 4$, realiza estas operaciones:

    (a) $P(x) + 2Q(x)$

    (b) $5P(x) - 3Q(x)$

    (c) $P(x) \cdot Q(x)$

    (d) $3x^2 \cdot R(x) - [P(x) + x \cdot Q(x)]$

    (e) $P(x) \cdot [Q(x) - R(x)]$

    (f) $x \cdot P(x) - [4Q(x) - x \cdot 2R(x)]$

Ejercicios

21. Realiza las operaciones indicadas con los polinomios $P(x) = \frac{1}{2}x^3 - \frac{2}{3}x^2 + \frac{5}{3}$, $Q(x) = \frac{5}{2}x^3 + \frac{1}{2}x^2 - \frac{2}{3}x + \frac{1}{2}$ y $R(x) = \frac{5}{3}x^2 + 1$:

    (a) $P(x) + Q(x) - R(x)$

    (b) $2P(x) \cdot 3R(x)$

    (c) $3x \cdot P(x) - 4Q(x)$

    (d) $[P(x) - R(x)] \cdot R(x)$

22. ¿El grado de la suma de dos polinomios es igual a la suma de los grados? Y el grado del producto de dos polinomios, ¿es igual al producto de los grados?

23. Extrae factor común en estas expresiones:

    (a) $5x^7 - 3x^3 + 2x^4$

    (b) $6x^3 + 4x^2 - 8x^4$

    (c) $4x - x^3 - 2x^2$

    (d) $\frac{1}{5}x^2 - \frac{3}{10}x^3 + \frac{3}{5}x$

    (e) $9x^6 - 3x^3 + 6x^2$

    (f) $10x - 4x^2 + 2x^6$

Ejercicios

24. Extrae factor común en estas expresiones:

    (a) $3x^6 + 9x^3 - 12x^9$

    (b) $\frac{5}{6}x^3 - \frac{2}{3}x^4 + \frac{1}{12}x^2$

    (c) $6x^5 - 4x^4 + 2x^2$

    (d) $\frac{4}{3}x^4 + \frac{14}{3}x^3 - \frac{2}{3}x$

25. Saca factor común:

    (a) $2(x-2) + 5(x-2)^2 - 7(x-2)(x+2)$

    (b) $(x+5)^2 + 4(x+5) - 12(x+5)(x-4)$

26. Halla $P(x)$ en cada caso:

    (a) $P(x) \cdot (3x-5) = 6x^3 - 10x^2$

    (b) $20x^4 - 15x^3 + 10x^2 = 5x^2 \cdot P(x)$

    (c) $3x^2 + 6x - 9x^3 = P(x) \cdot (x + 2 - 3x^2)$

    (d) $P(x) - (5x^4 + 4x^3 - 3x + 1) = 8x^4 + x^3 - 2x^2 + 5$

4 Potencias de polinomios. Identidades notables

Potencia de un polinomio. Para calcular la potencia de un polinomio se multiplica el polinomio por sí mismo tantas veces como indique el exponente. Para indicar la potencia se escribe $[P(x)]^n$ o $P^n(x)$.

Ejercicio resuelto 4.1

Dados los polinomios $P(x) = -x^2 + 5x + 3$ y $Q(x) = 4x + 1$, a calcula $P^2(x)$ y $Q^3(x)$

$$P^2(x) = (-x^2 + 5x + 3)^2 = (-x^2 + 5x + 3)(-x^2 + 5x + 3) =$$
$$= x^4 - 5x^3 - 3x^2 - 5x^3 + 25x^2 + 15x - 3x^2 + 15x + 9 =$$
$$= x^4 - 10x^3 + 19x^2 + 30x + 9$$

$$Q^3(x) = (4x+1)(4x+1)(4x+1) = (16x^2 + 4x + 4x + 1)(4x+1) =$$
$$= (16x^2 + 8x + 1)(4x + 1) = 64x^3 + 16x^2 + 32x^2 + 8x + 4x + 1 =$$
$$= 64x^3 + 48x^2 + 12x + 1$$

Identidades notables. Las **identidades notables** son una serie de multiplicaciones especiales de binomios.

Sean A y B dos monomios:

- La suma de dos monomios por la diferencia de los mismos monomios es igual a la diferencia de los cuadrados de los monomios.

$$(A+B)(A-B) = A \cdot A - A \cdot B + B \cdot A - B \cdot B = A^2 - B^2$$

- El cuadrado de la suma de dos monomios es igual al cuadrado del primer monomio más el doble del producto del primero por el segundo más el cuadrado del segundo.

$$(A+B)^2 = (A+B) \cdot (A+B) = A \cdot A + A \cdot B + B \cdot A + B \cdot B = A^2 + 2AB + B^2$$

- El cuadrado de la diferencia de dos monomios es igual al cuadrado primer monomio menos el doble del producto del primero por el segundo más el cuadrado del segundo.

$$(A-B)^2 = (A-B) \cdot (A-B) = A \cdot A - A \cdot B - B \cdot A + B \cdot B = A^2 - 2AB + B^2$$

En resumen,

$$\boxed{\begin{aligned} (A+B)(A-B) &= A^2 - B^2 \\ (A+B)^2 &= A^2 + 2AB + B^2 \\ (A-B)^2 &= A^2 - 2AB + B^2 \end{aligned}}$$

> **Ejercicio resuelto 4.2**
>
> *Desarrolla las siguientes identidades notables:* $(6x^5+9)(6x^5-9)$, $(4x^2+3x)^2$ y $(x^2-8x^3)^2$
>
> - $(6x^5+9)(6x^5-9) = (6x^5)^2 - (9)^2 = 36x^{10} - 81$
> - $(4x^2+3x)^2 = (4x^2)^2 + 2 \cdot 4x^2 \cdot 3x + (3x)^2 = 16x^4 + 24x^3 + 9x^2$
> - $(x^2-8x^3)^2 = (x^2)^2 - 2 \cdot x^2 \cdot 8x^3 + (8x^3)^2 = x^4 - 16x^5 + 64x^6$

Obtención de una identidad notable. Veamos cómo se puede realizar la operación inversa de la expuesta en el apartado anterior, es decir: si un binomio o un trinomio se pueden expresar con una identidad notable, cómo se puede encontrar esa identidad.

- Expresar un binomio como una suma por una diferencia de monomios.

    1. Se expresa cada término del binomio con una potencia de exponente 2.

    2. Las bases de las dos potencias son los dos monomios que intervienen en la suma y en la resta.

- Expresar un trinomio como el cuadrado de una suma o de una diferencia de monomios.

    1. Se identifica qué términos del trinomio pueden ser cuadrados de monomios y se expresa cada uno con una potencia de exponente 2.

    2. Se comprueba si el doble producto de las dos bases de las potencias anteriores coincide con el tercer término del binomio. Si es así, y este término es positivo, el trinomio será el cuadrado de la suma de las bases, y si es negativo, será el cuadrado de la diferencia. Si no es así, se vuelve al primer punto considerando otros términos como cuadrados.

> **Ejercicio resuelto 4.3**
>
> *Expresa los siguientes polinomios como igualdades notables:* $25x^4 - 4x^2$ y $4x^8 + x^4 + 4x^6$
>
> 1. Como tenemos dos términos, se trata de una diferencia de cuadrados, por lo que lo expresaremos como una suma por una diferencia. Así, cada uno de los miembros de esta resta será, a su vez el cuadrado de cada uno de los elementos de la suma y de la resta: $25x^4 - 4x^2 = (5x^2)^2 - (2x)^2 = (5x^2+2x)(5x^2-2x)$
>
> 2. $4x^8 + x^4 + 4x^6$. Como tenemos tres términos, hemos de identificarlos cuadrados de los dos monomios. Generalmente, éstos se corresponden con los monomios de mayor y menor grado, respectivamente. Así, $4x^8 = (2x^4)^2$ y $x^4 = (x^2)^2$, por otro lado, el doble producto de las bases es $2 \cdot 2x^4 \cdot x^2 = 4x^6$ que coincide con el tercer término. Este es positivo, luego: $4x^8 + x^4 + 4x^6 = (2x^4+x^2)^2$

Ejercicios

27. Calcula el resultado sin realizar los productos:

(a) $(x+5)^2$

(b) $(8x^4+x)^2$

(c) $(2x^4+3)^2$

(d) $(5x^3+x^2)^2$

(e) $(3x^2+1)^2$

(f) $(x^6+2x^4)^2$

(g) $(x-3)^2$

(h) $(3x-2)^2$

(i) $(3x^6-x^2)^2$

(j) $(2x^3-x^5)^2$

(k) $(x^7-4)^2$

(l) $(2x^3-x)^2$

(m) $(x+1)(x-1)$

(n) $(x+2)(x-2)$

(ñ) $(3-x)(3+x)$

(o) $(x^2+1)(x^2-1)$

Ejercicios

28. Desarrolla las siguientes expresiones:

(a) $(2x+x^3)^2$

(b) $(5x^9-x^2)^2$

(c) $(5x^6+3x)^2$

(d) $(5x^2-4)^2$

(e) $(7x^4-3x^3)^2$

(f) $(7x^5+4x^2)^2$

(g) $(3x^2+4)(3x^2-4)$

(h) $(2x^5-x^3)(2x^5+x^3)$

(i) $\left(\frac{1}{2}x+\frac{1}{3}y\right)^2$

(j) $\left(\sqrt{5}-\sqrt{3}x\right)^2$

(k) $\left(x^2-\frac{1}{2}y\right)^2$

(l) $\left(\sqrt{3}+\sqrt{2}x\right)^2$

(m) $(ax^2+b)^2$

(n) $\left(\frac{3}{2}x^2-4\right)^2$

(ñ) $\left(2x^2+\frac{3}{2}x\right)\cdot\left(2x^2-\frac{3}{2}x\right)$

Ejercicios

29. Simplifica las siguientes expresiones polinómicas:

    (a) $2(3x-2)^2 - 3(3x+2) - 2(3x-2)(3x+2)$

    (b) $(3x+2)^2 + 2(2x-3)^2 - (2x-5)(x-5)$

    (c) $(2x^2 - 2x - 1)(3x^2 - 2x) - 3x$

    (d) $(2x^3 - 3x + 2)(-3x^2 + x + 1) + (6x - 10)x^3$

    (e) $\left(\frac{2}{3}x - \frac{3}{5}\right)\left(\frac{3}{2}x^2 + \frac{2}{5}\right) + \frac{6}{25}$

    (f) $(x^2 + 4)(x^2 - 4)(x - 2) + 2x(x^3 + 8)$

    (g) $(1 - 2x^3) + 2x(x - 1)^2$

    (h) $2(x+5)^2 - x^2(3x-1)^2 - (x-4)(x+4)$

Ejercicios

30. Simplifica las siguientes expresiones polinómicas:

    (a) $[x^2 + (2x-3)] \cdot [x^2 - (2x-3)]$

    (b) $(2x-5)^2 - 2[4(x+1)(x-1) - (2x+3)^2]$

31. Dados $P(x) = x^3 + 2x$ y $Q(x) = 5x^4 + 4x^2 - 1$, calcula:

    (a) $P^2(x)$

    (b) $P^3(x)$

    (c) $Q^2(x)$

    (d) $Q^4(x)$

32. Dado un polinomio cualquiera, $P(x)$, ¿cómo calcularías $P^8(x)$ con las mínimas operaciones?

33. Copia y completa las siguientes expresiones, para obtener una igualdad notable en cada caso:

    (a) $\square - 15x + 9$

    (b) $9x^2 + 54x + \square$

Ejercicios

34. Copia y completa las siguientes expresiones, para obtener una igualdad notable en cada caso:

(a) $4x^4 - \square + x^2$

(b) $\square + 10x^3 + 25$

35. Copia y completa los huecos en estas expresiones para que se verifique cada igualdad:

(a) $\left(\square + 4\right)\left(\square - 4\right) = 25x^2 - 16$

(b) $\left(2x^2 + \square\right)\left(2x^2 - \square\right) = 4x^4 - 9x^2$

(c) $\left(3\square + \square\right)\left(\square - \square\right) = 9x^6 - 4x^4$

(d) $\left[\square x^{\square} + x^{\square}\right]\left[\square x^{\square} - x^{\square}\right] = 4x^8 - x^4$

36. Expresa con una identidad notable los siguientes polinomios:

(a) $9x^6 + x^4 - 6x^5$

(b) $x^6 + 4x^4 + 4x^2$

(c) $4x^6 - 16x^2$

(d) $36x^8 + 12x^6 + x^4$

Ejercicios

37. Expresa con una identidad notable los siguientes polinomios:

    (a) $81x^2 - x^6$

    (b) $25x^2 - 40x + 16$

    (c) $x^2 - 1$

    (d) $x^4 - 9$

    (e) $4x^2 + 9 + 12x$

    (f) $9x^4 + 4x^2 - 12x^3$

38. Di cuáles de estas expresiones no se pueden escribir como identidades notables:

    (a) $x^2 + 1$

    (b) $x - 1$

    (c) $x^4 - 16$

    (d) $x^2 - 2x + 4$

    (e) $x^2 - 4x + 4$

    (f) $x^2 + 3x + 9$

39. Determina, en cada caso, el valor de a para que las siguientes expresiones sean el cuadrado de una suma o una diferencia y escríbelas como tales:

    (a) $4x^2 + a + 9$

    (b) $x^2 - 10x + a$

    (c) $ax^2 + 12x + 4$

    (d) $x^4 + a + x^2$

Ejercicios

40. Determina, en cada caso, el valor de a para que las siguientes expresiones sean el cuadrado de una suma o una diferencia y escríbelas como tales:

    (a) $49x^2 - a + 9$

    (b) $4x^6 - 4x^3 + a$

41. Calcula las siguientes potencias:

    (a) $(x^2 + 2x + 1)^2$

    (d) $(x - 3)^3$

    (b) $(3x^3 - 5x^2 + x)^2$

    (e) $(2x^6 + 3x^3 - 4x^2)^3$

    (c) $(x + 3)^3$

    (f) $(x^3 + x - 3)^4$

42. Demuestra esta igualdad algebraica:

$$(x + y + z)^2 = x^2 + y^2 + z^2 + 2(xy + xz + yz)$$

5 División de polinomios

Divisibilidad de polinomios. La divisibilidad de polinomios se define de forma análoga a la divisibilidad de números enteros. Un polinomio $Q(x)$ es **divisor** de otro polinomio $P(x)$ si el resto de la división de $P(x)$ entre $Q(x)$ es cero. Se dice, también, que $P(x)$ es **divisible** entre $Q(x)$ y que $P(x)$ es **múltiplo** de $Q(x)$.

Ejercicio resuelto 5.1

Divide los polinomios $P(x) = -x^3 - x + 6$ y $Q(x) = x^2 - 2x + 3$.

Realizamos la división $(x^3 - x + 6) : (x^2 - 2x + 3)$:

$$\begin{array}{rrrr|rr} x^3 & & -x & +6 & \,x^2\ -2x\ +3 \\ -x^3 & +2x^2 & -3x & & \,x\ \ +2 \\ \hline & 2x^2 & -4x & +6 \\ & -2x^2 & +4x & -6 \\ \hline & & & 0 \end{array}$$

$Q(x)$ es divisor de $P(x)$. $P(x)$ es divisible por $Q(x)$. $P(x)$ es múltiplo de $Q(x)$.

División entera de polinomios. Sean $P(x)$ y $Q(x)$ dos polinomios tales que el grado de $P(x)$ es mayor que el de $Q(x)$. Para dividir $P(x)$ entre $Q(x)$ se pueden seguir los siguientes pasos:

1. Se ordenan el dividendo y el divisor en orden decreciente. Si falta alga término, es conveniente dejar un hueco. Se divide el primer monomio del dividendo entre el primero del divisor. El monomio resultante se escribe en el cociente:

$$\begin{array}{rrrr|rrr} 8x^4 & +16x^2 & +14x & -7 & \,2x^2 & -x & +5 \\ \hline & & & & 4x^2 \end{array}$$

2. Se multiplica el monomio del cociente por el polinomio divisor. Se halla el opuesto del producto y se coloca debajo del dividendo:

$$\begin{array}{rrrrr|rrr} 8x^4 & & +16x^2 & +14x & -7 & \,2x^2 & -x & +5 \\ -8x^4 & +4x^3 & -20x^2 & & & 4x^2 \end{array}$$

3. Se suma el dividendo y el opuesto del producto, es decir, al dividendo se le resta el producto del cociente por el divisor:

$$\begin{array}{rrrrr|rrr} 8x^4 & & +16x^2 & +14x & -7 & \,2x^2 & -x & +5 \\ -8x^4 & +4x^3 & -20x^2 & & & 4x^2 \\ \hline & 4x^3 & -4x^2 & +14x & -7 \end{array}$$

4. La resta resultante es el nuevo dividendo. Se repiten los pasos anteriores hasta que se obtenga un polinomio de menor grado que el grado del divisor:

$$\begin{array}{rrrrr|rrr}
8x^4 & & +16x^2 & +14x & -7 & 2x^2 & -x & +5 \\
-8x^4 & +4x^3 & -20x^2 & & & \overline{4x^2} & +2x & -1 \\ \hline
& 4x^3 & -4x^2 & +14x & -7 & & & \\
& -4x^3 & 2x^2 & -10x & & & & \\ \hline
& & -2x^2 & +4x & -7 & & & \\
& & 2x^2 & -x & +5 & & & \\ \hline
& & & 3x & -2 & & &
\end{array}$$

Como resumen, aplicando el teorema del resto, tenemos que

$$8x^4 + 16x^2 + 14x - 7 = (2x^2 - x + 5) \cdot (4x^2 + 2x - 1) + (3x - 2)$$

Valor numérico de un polinomio en un punto. El valor numérico de un polinomio, $P(x)$, para $x = a$ es el resultado de sustituir en el polinomio la x por a y realizar las operaciones. Se escribe $P(a)$.

Ejercicio resuelto 5.2

Calcula el valor numérico de $P(x) = 2x^2 - 3x + 6$ para $x = -1$.

Para calcular este valor numérico, simplemente hay que sustituir x por -1 en $P(x)$ y hacer los cálculos:

$$P(-1) = 2 \cdot (-1)^2 - 3 \cdot (-1) + 6 = 2 + 3 + 6 = 11$$

Teorema del resto El teorema del resto dice que el resto de la división de un polinomio, $P(x)$, entre $(x - a)$ es igual al valor numérico del polinomio para $x = a$.

Para demostrar este teorema hay que tener en cuenta que si se divide un polinomio entre $(x - a)$, el resto debe ser de grado cero, es decir, un número que llamaremos r. Por otra parte, en toda división de polinomios se cumple que el dividendo es igual al divisor por el cociente más el resto:

$$P(x) = (x - a) \cdot C(x) + r$$

El valor numérico de $P(x)$ para $x = a$ será el resultado de sustituir la x por a:

$$P(a) = (a - a) \cdot C(a) + r, \text{ es decir, } P(a) = 0 \cdot C(a) + r, \text{ luego } P(a) = r$$

Ejercicio resuelto 5.3

Calcula el resto de las divisiones $(4x^3 + 2x - 3) \div (x - 2)$ y $(5x^2 + 6x + 2) \div (x + 1)$.

- El resto de la división de $P(x) = 4x^3 + 2x - 3$ entre $(x - 2)$ es 33, ya que:

$$P(2) = 4 \cdot 2^3 + 2 \cdot 2 - 3 = 33$$

- El resto de la división de $Q(x) = 5x^2 + 6x + 2$ entre $(x + 1)$ es 1, ya que:

$$P(-1) = 5 \cdot (-1)^2 + 6 \cdot (-1) + 2 = 1$$

Ejercicios

43. Realiza las siguientes divisiones:

(a) $(8x^5 + 6x^4 - 4x^2 - 10x) \div (2x)$

(b) $(x^4 - 3x^2 + 2x^3) \div (3x^2)$

(c) $\left(\frac{15}{4}x^8 - \frac{5}{6}x^6 + \frac{5}{2}x^3 - \frac{1}{4}x^2\right) \div \left(\frac{5}{2}x^2\right)$

(d) $(2x^5 + 3x^4 + x^3 + 4x^2 - x + 1) \div (x^2 + 1)$

(e) $(x^4 - x^3 + 8x^2 - 8x) \div (x^2 - x)$

(f) $(3x^2 + 5x - 1) \div (-3x^2 - 5x + 4)$

(g) $(3x^4 + 5x^3 - x + 1) \div (x^2 + x - 2)$

(h) $(x^5 + 2) \div (x^2 - 3)$

(i) $(x^5 - 8x^4 - 6x^2 - 5) \div (x^4 - 3x - 1)$

(j) $(3x^2 - 6x + 4) \div (3x - 8)$

(k) $(5x^4 - 6x^2 - 5x + 1 + 7x) \div (x^2 + 1)$

(l) $(8x^6 - 1) \div (4x^3 - 6x^2 - x)$

Ejercicios

44. Realiza las siguientes divisiones:

    (a) $(3x^4 + 4x^3 - 5x^2 - 1) \div (2x + 1)$

    (b) $(3x^3 + 2x^2 + x - 5) \div (3x^2 + 2)$

    (c) $(3x^4 - 2x^2 - x + 4) \div (x + 2)$

    (d) $(x^3 - 3x^2 - x + 6) \div (2x + 3)$

45. Calcula el valor de a para que el resto de la división $(4x^5 - 7x^3 + 3x + a) \div (x^2 - 2)$ tenga los coeficientes iguales.

46. Divide el polinomio $P(x) = 2x^4 - 19x^2 + 5x - 8$ entre el binomio $x - 3$.

47. Si en una división el divisor es $x^2 + 5$, ¿es posible que el resto sea $x^2 - 3$?

Ejercicios

48. Sean $P(x)$, $Q(x)$, $C(x)$ y $R(x)$ el dividendo, el divisor, el cociente y el resto, respectivamente, de una división.

    (a) Si $P(x)$ tiene grado 7 y $R(x)$ tiene grado 3, ¿qué grado puede tener $Q(x)$?

    (b) Sabiendo que el grado de $P(x)$ es 7 y el de $Q(x)$ es 3, ¿cuál es el grado de $C(x)$? ¿Qué grado puede tener $R(x)$?

49. Calcula el valor de c para que la división de $(x^3 + 6x - c) \div (x - 2)$ sea exacta.

50. Calcula el cociente y el resto de las siguientes divisiones de polinomios.

    (a) $(6x^4 + 7x^3 - 5x^2 - 6x - 6) \div (3x^2 + 2x + 1)$

    (b) $(6x^4 - 7x^3 - x^2 + 11x - 8) \div (3x^2 + x - 2)$

    (c) $(6x^5 - 10x^4 - 15x^3 - 7x^2 + 3) \div (4x^2 - 4x - 4)$

Ejercicios

51. Calcula el cociente y el resto de las siguientes divisiones de polinomios.

    (a) $(6x^2 - 3x + 5) \div (x + 3)$

    (b) $(4x^4 - 2x^3 + 5x^2 + 4) \div (-x^2 + 2x + 3)$

    (c) $(9x^4 - 4x^2 + 5x - 1) \div (3x^2 - 2x + 1)$

52. ¿Cuánto debe valer k para que $P(x) = 5x^2 + kx + 2$ sea múltiplo de $(x+2)$?

53. Comprueba si $3x^4 + 5x^3 - 11x^2 + 3x$ es divisible entre $3x^2 - x$.

Ejercicios

54. Calcula a para que la división $(4x^3 + 6x^2 + ax - 6) \div (2x + 3)$ sea exacta.

55. Calcula el valor de k para que el polinomio:

    (a) $P(x) = x^3 + x^2 - 2x + k$ sea divisible por $x - 2$.

    (b) $P(x) = x^3 - 2x^2 + kx + 4$ sea divisible por $x + 2$.

56. Estudia, sin dividir, si la siguiente división es exacta: $(x^4 + 2x^3 + 5x^2 + 7x - 6) \div (x + 2)$

57. Calcula el valor numérico que se indica para cada polinomio:

    (a) $P(x) = -3x^5 + 2x^4$, para $x = 2$

    (b) $Q(x) = 2x^3 - 3x^2 + 2x - 1$, para $x = -1$

    (c) $R(x) = 8x^3 - 4x^2 + 6x - 3$, para $x = \frac{-3}{2}$

    (d) $S(x) = 10x^2 + 2x + 4$, para $x = \frac{2}{5}$

    (e) $T(x) = 3x^4 + 2x^3 - 12x^2 + 8x$, para $x = -3$.

Ejercicios

58. Calcula el valor numérico de cada polinomio en los puntos $x = 2$ y $x = -0,15$.

    (a) $P(x) = x^4 + 2x^2 - 3$

    (b) $P(x) = 3x^3 + 5x^2 - 4x - 2$

    (c) $P(x) = \frac{1}{3}x^3 + \frac{2}{5}x^2 - \frac{3}{4}x - 2$

59. Halla un polinomio de forma que al dividirlo entre $x^2 + 4$ dé como cociente $2x^3 - 3x^2 + x + 1$ y como resto $5x - 10$.

60. Efectúa las siguientes divisiones enteras de polinomios y, luego, comprueba que se cumple la igualdad:
$$\text{Dividendo} = \text{Divisor} \cdot \text{Cociente} + \text{Resto}$$

    (a) $(2x^3 + 4x^2 - 3) \div (x^2 - 2)$

    (b) $(4x^3 + 4x^2 + x + 1) \div (2x^2 + 3x + 1)$

61. En una división de polinomios, el divisor es $2x + \frac{3}{2}$; el cociente, $4x^2 + 6x + \frac{5}{2}$, y el resto, $\frac{1}{4}$, ¿qué polinomio es el dividendo?

Ejercicios

62. Al efectuar la división $(2x^3 + 5x^2 + 3x - 2) \div (x^2 + 3x + 1)$ se ha obtenido como cociente $C(x) = 2x - 1$. Halla el resto sin efectuar la división.

63. Sabiendo que $2x^4 + 4x^3 - 4x^2 - 6x + 5 = (x^2 + 2x - 1)(2x^2 - 2) + (-2x + 3)$, halla el cociente y el resto de las siguientes divisiones:

    (a) $(2x^4 + 4x^3 - 4x^2 - 6x + 5) \div (x^2 + 2x - 1)$ (b) $(2x^4 + 4x^3 - 4x^2 - 6x + 5) \div (2x^2 - 2)$

64. Determina, sin hacer la operación, el resto de las siguientes divisiones:

    (a) $(8x^5 - 2x^3 + x) \div (x + 1)$

    (b) $(5x^4 - 6x^3 + 2x^2 - 3x + 1) \div (x - 2)$

    (c) $\left(\frac{1}{2}x^3 - 8x^2 - 1\right) \div \left(x - \frac{1}{2}\right)$

    (d) $\left(\frac{3}{2}x^7 - 1\right) \div (x - 1)$

    (e) $(x^5 - 3x^4 + 2x^3 - x) \div (x + 2)$

    (f) $(x^4 - 4x^3 + 6x^2 - 4x + 1) \div (x - 1)$

    (g) $(x^3 + 2x^2 - 3x + 5) \div (x + 5)$

    (h) $(2x^6 - 5x^4 - x^3 + 2x + 10) \div (x - 2)$

    (i) $(9x^3 + 3x^2 - 6x + 2) \div \left(x + \frac{1}{3}\right)$

    (j) $(x^{27} + 2x^{10}) \div (x + 1)$

    (k) $(2x^8 + 6x^3 - 5) \div (x + 2)$

    (l) $(4x^3 - 3x + 2) \div (x + 3)$

Ejercicios

65. Calcula el valor de k para que el resto de la siguiente división sea 18:

$$(3x^4 - 6x^3 + x^2 + x - k) \div (x+4)$$

66. Halla, sin hacer la división, el valor de m para que el polinomio $2x^4 + 9x^3 + 2x^2 - 6x + 3m$ tenga por resto 12 al dividirlo por $x+2$.

67. Si el resto de la división de $(2x^3 - 3x^2 + ax - 5) \div (x-2)$ es 3. ¿Cuánto vale a?

68. Halla el valor de k para que el resto de la división de $(2x^3 + kx^2 - 13x + 6)$ entre $(x-2)$ sea:

   (a) 0

   (b) 6

   (c) 20

   (d) 25

69. Determina los valores de m y n en la división $(x^4 + 2x^3 + mx + n) \div (x^2 + 3x - 2)$, para que el resto:

   (a) Sea 0

   (b) Sea $5x+2$

6 Regla de Ruffini

La regla de Ruffini es un procedimiento que simplifica las operaciones en una división en la que el divisor es de la forma $x - a$.

Fíjate en la siguiente división en la que el polinomio divisor es de la forma $x - a$, en este caso $x + 2$.

$$
\begin{array}{rrrr|rr}
2x^3 & -3x^2 & & +5 & x & +2 \\
-2x^3 & -4x^2 & & & \multicolumn{2}{l}{2x^2 \quad -7x \quad +14} \\
\hline
 & -7x^2 & & +5 & & \\
 & 7x^2 & +14x & & & \\
\hline
 & & 14x & +5 & & \\
 & & -14x & -28 & & \\
\hline
 & & & -23 & &
\end{array}
$$

La simplificación se basa en lo siguiente:

- Si el divisor es de grado 1, el grado del cociente es una unidad inferior al grado del dividendo y el grado del resto es siempre cero.

- Conocido el grado del polinomio cociente y el del resto, falta por averiguar cómo se pueden calcular los coeficientes de cada uno.

En nuestro ejemplo, la pregunta sería: ¿cómo se obtienen los coeficientes 2, -7 y 14, y el resto -23? Observa el siguiente esquema en el que solo se escribe lo que interesa para calcular estos coeficientes:

$$
\begin{array}{rrrr|r}
2 & -3 & & +5 & -2 \\
 & -4 & & & 2 \quad -7 \quad 14 \\
\hline
 & -7 & & & \\
 & & +14 & & \\
\hline
 & & 14 & & \\
 & & & -28 & \\
\hline
 & & & -23 &
\end{array}
$$

Si condensamos en tres líneas las operaciones anteriores, tendremos:

$$
\begin{array}{r|rrrr}
 & 2 & -3 & 0 & 5 \\
-2 & & -4 & 14 & -28 \\
\hline
 & 2 & -7 & 14 & -23
\end{array}
$$

En una tabla de Ruffini, los números de la primera línea se corresponden a los coeficientes del polinomio del dividendo, el número a la izquierda de la línea vertical es el que indica el factor del divisor y en la última línea aparecen el cociente y el resto. El resto es el número de la derecha, mientras que los números restantes se corresponden con los coeficientes del polinomio cociente. Tanto el polinomio del dividendo como el del cociente es conveniente leerlos de derecha a izquierda en orden creciente de grado de la x.

Con estas indicaciones, el cociente del ejemplo es $2x^2 - 7x + 14$, y el resto es -23.

Propiedad de las raíces. Si $P(x) = a_n x^n + \cdots + a_1 x + a_0$, es un polinomio con coeficientes enteros y $r \neq 0$, una raíz entera de $P(x)$, entonces r es divisor del término independiente de $P(x)$.

Demostración:

Supongamos que $x = r$ es una raíz entera distinta de cero de $P(x)$; entonces, $P(r) = 0$ si y sólo si

$$a_n r^n + \cdots + a_1 r + a_0 = 0$$

es decir,

$$a_n r^n + \cdots + a_1 r = -a_0$$

y sacando r factor común

$$r(a_n r^{n-1} + \cdots + a_1) = -a_0$$

Lo anterior significa que el término independiente del polinomio es múltiplo de la raíz, y por lo tanto, la raíz es divisor del término independiente.

La propiedad recíproca no se cumple, es decir, no todos los divisores del término independiente son raíces del polinomio.

Raíz de un polinomio. Un número r es raíz de un polinomio si el valor numérico de ese polinomio para $x = r$ es cero. Es decir, $x = r$ es la raíz de $P(x)$ si y sólo si $P(r) = 0$.

Observa que $x = r$ es la raíz de $P(x)$ si y sólo si $P(r) = 0$; por tanto, por el teorema del resto, el resto de la división de $P(x)$ entre $(x - r)$ es cero.

Ejercicio resuelto 6.1

Comprueba que $x = 1$ es raíz del polinomio $P(x) = x^3 - 3x + 2$.

La comprobación de que $x = 1$ es raíz del polinomio $P(x) = x^3 - 3x + 2$ se puede hacer de dos formas:

- Calculando el valor numérico y comprobando que es cero:

$$P(1) = 1^2 - 3 \cdot 1 + 2 = 0$$

- Realizando la división de $P(x)$ entre $x - 1$ y comprobando que el resto es cero.

	1	0	−3	2
1		1	1	−2
	1	1	−2	0

Un número, r, es raíz doble de $P(x)$ si es raíz de $P(x)$ y también es raíz del cociente que resulta al dividir $P(x)$ entre $x - r$.

Ejercicio resuelto 6.2

Comprueba que $x = -1$ es raíz doble del polinomio $P(x) = x^3 - x^2 - 5x - 3$.

Veamos que $x = -1$ es raíz doble:

$$\begin{array}{r|rrrr} & 1 & -1 & -5 & -3 \\ -1 & & -1 & 2 & 3 \\ \hline & 1 & -2 & -3 & 0 \\ -1 & & -1 & 3 & \\ \hline & 1 & -3 & 0 & \end{array}$$

Ejercicio resuelto 6.3

Hallar el valor de k para que el polinomio $P(x) = 5x^4 - 2x^3 + kx^2 - 4$ *sea divisible por* $x - 2$.

Vamos a resolverlo de dos formas distintas.

- El binomio $x - 2$ está asociado a la raíz $x = 2$, por tanto si el polinomio $P(x)$ es divisible por $x - 2$ es porque 2 es raíz. Y como 2 es raíz, se tiene necesariamente que $P(2) = 0$. Veámoslo:

$$P(2) = 5 \cdot 2^4 - 2 \cdot 2^3 + k \cdot 2^2 - 4 = 80 - 16 + 4k - 4 = 60 + 4k = 0$$

y esto ocurre sólo en el caso en el que $k = -15$, con lo que quedaría resuelto el ejercicio.

- Vamos a resolver ahora el mismo problema pero usando la regla de Ruffini. Al hacer la división por Ruffini de $P(x)$ por $x - 2$ el resto ha de ser cero por la divisibilidad:

$$\begin{array}{r|rrrrr} & 5 & -2 & k & 0 & -4 \\ 2 & & 10 & 16 & 32+2k & 64+4k \\ \hline & 5 & 8 & 16+k & 32+2k & 60+4k \end{array}$$

Como podemos ver, llegamos a la misma ecuación que antes, $60 + 4k = 0$, con solución $k = -15$.

Ejercicios

70. Mediante la regla de Ruffini, calcula el cociente y el resto de las siguientes divisiones:

    (a) $(x^2 - 5x + 4) \div (x - 1)$

    (b) $(2x^3 + 4x^2 - 5x - 1) \div (x + 2)$

    (c) $(5x^4 - 3x^2 - x + 2) \div (x + 1)$

    (d) $(x^6 - 4) \div (x - 2)$

    (e) $(5x^6 - 4x^2 + 3x - 1) \div (x + 1)$

    (f) $(2x + 8x^4 - 5x^2 - 5) \div (x - 1)$

Ejercicios

71. Mediante la regla de Ruffini, calcula el cociente y el resto de las siguientes divisiones:

(a) $(x^8 - 4) \div (x + 2)$

(b) $(2x^3 - 5x^2 - 4x + 3) \div (x - 3)$

(c) $5(x^5 - 3x^4 + 2x^3 - x) \div (x + 2)$

(d) $(x^2 + 8 + 4x^2 - 6x - x^3) \div \left(x - \frac{1}{2}\right)$

(e) $(2x^3 + 5x^2 + 8x - 1) \div (x + 4)$

(f) $(-x^4 + 2x^2 - 3x + 5) \div (x - 2)$

(g) $(3x^5 - x^4 - 6x^2 + 7x) \div (x - 6)$

(h) $(-2x^3 + 7x^2 - 4x + 1) \div (x + 3)$

(i) $(x^5 - 3x^4 - 5x^2 + 4) \div (x - 2)$

(j) $(2x^4 + 5x^3 - 5x - 2) \div (x + 2)$

(k) $(3x^4 + 8x^3 + 8x - 3) \div (x + 3)$

(l) $(2x^4 - x^3 - 4x^2 + x + 3) \div \left(x - \frac{3}{2}\right)$

(m) $(-3x^3 + 2x^2 + x - 3) \div \left(x + \frac{1}{2}\right)$

(n) $(2x^4 + 2x^3 + 2x^2 - 2) \div (x - 3)$

(ñ) $(x^5 + 2x^3 - 2x - 1) \div (2x + 4)$

(o) $(x^5 + 3x^4 - 3x^3 - x^2 - 4x + 2) \div (2x + 4)$

(p) $(-2x^4 - x^3 - 2x^2 + x + 1) \div (2x - 3)$

Ejercicios

72. Determina, sin realizarlas, si las siguientes divisiones son exactas:

    (a) $(x^3 - 1) \div (x - 1)$

    (b) $(x^4 - 16) \div (x - 2)$

    (c) $(x^2 - 2x + 4) \div (x - 2)$

    (d) $(x^3 - 3x^2 + 3x - 1) \div (x + 1)$

73. Determina cuáles de los siguientes valores son raíces del polinomio $x^5 + 2x^4 + 2x^3 - 6x^2 - 3x + 4$:

    (a) $x = 0$

    (b) $x = 1$

    (c) $x = -1$

    (d) $x = 2$

74. Calcula el valor de k para que $x = 5$ sea raíz del polinomio $kx^4 - 10x^3 - 3x^2 + 16x - 5$.

75. Calcula el valor de k para que las raíces de la ecuación $x^2 - kx + 12 = 0$ sean una triple de la otra.

76. Comprueba que $x = -3$ es una raíz doble del polinomio $P(x) = x^3 + 5x^2 + 3x - 9$.

Ejercicios

77. Di cuáles pueden ser las posibles raíces enteras de los siguientes polinomios:

    (a) $x^4 - 10x^3 + 3$

    (b) $x^8 - 2x^5 + 3x^2 - 6$

    (c) $2x^5 - x^4 + x^2 - x + 1$

    (d) $3x^2 - 2x + 5$

78. Calcula las raíces de los siguientes polinomios:

    (a) $2x + 1$

    (b) $3x + 5$

    (c) $x + 6$

    (d) $x^3 + 1$

    (e) $x^2 + 1$

    (f) $4 - x$

    (g) $x^3 - 9x^2 - x + 9$

    (h) $x^3 - x^2 + 6x - 6$

    (i) $x^4 - 8x^2 - 9$

Ejercicios

79. Cada uno de los siguientes polinomios tiene una raíz doble y una simple. Calcúlalas:

    (a) $x^3 + x^2 - 5x + 3$

    (b) $x^3 - 3x^2 - 9x - 5$

    (c) $x^3 + 2x^2 - 4x - 8$

    (d) $x^3 - 12x - 16$

80. Calcula mentalmente las raíces de cada uno de los siguientes polinomios, y determina si alguna de ellas es doble:

    (a) $(x+5)(x-5)$

    (b) $x^2 + 2x + 1$

    (c) $(5x-3)^2$

    (d) $(x+5)^2$

    (e) $x^2 - 14x + 7$

    (f) $x^2 - 16$

81. Halla k para que $x = 2$ sea raíz de $8x^3 - 2kx + 8$.

Ejercicios

82. Determina el valor de a y b para que el polinomio ax^2+bx+6 tenga como raíces:

    (a) 2 y 3

    (b) $\frac{2}{3}$ y $\frac{4}{3}$

83. Calcula a y b para que el polinomio x^2-ax-b tenga una raíz $x=-2$ y sea divisible por $\left(x+\frac{1}{2}\right)$.

84. Halla el valor de a y b en $ax^2+bx-\sqrt{3}$ para que tenga como raíces $\frac{\sqrt{3}}{3}$ y $-\sqrt{3}$.

85. ¿Es cierto que cualquier polinomio tiene al menos una raíz? Justifícalo con dos ejemplos.

86. Dado $P(x)=x^6-x^5+2x^2-3x+15$, ¿puede ser $x=4$ una raíz de $P(x)$? ¿Y $x=3$? ¿Por qué?

87. Calcula, de dos formas distintas el valor numérico de $P(x)=4x^3-5x^2+3x-2$ para los valores que se indican:

    (a) $x=-2$

    (b) $x=1$

    (c) $x=-3$

    (d) $x=2$

Ejercicios

88. Utilizando la regla de Ruffini, calcula el valor numérico de los polinomios siguientes para los valores que se indican.

   (a) $P(x) = 2x^3 - 3x^2 - 8x + 12; P(4)$

   (b) $P(x) = 3x^4 - x^3 - 6x^2 + 2x; P(-2)$

89. Calcula el valor de m, utilizando la regla de Ruffini, para que se cumpla lo que se indica en cada apartado.

   (a) Cuando $x = -5$, el valor numérico de $P(x) = x^4 + 6x^3 + 4x^2 + m$ sea 25.

   (b) La división $(x^4 + 6x^3 + 4x^2 + m) \div (x+5)$ sea exacta.

   (c) La división $P(x) \div \left(x + \frac{1}{2}\right)$ sea exacta, siendo $P(x) = mx^4 + 5x^3 - 5x - 2$.

   (d) La división $Q(x) \div (x-3)$ tenga de resto -20, siendo $Q(x) = x^4 + mx^3 + 5x^2 - 5x + 4$.

90. Indica en cada caso si los números dados son raíces del polinomio.

   (a) $x = -1, 4, 5; P(x) = x^3 - 21x + 20$

   (b) $x = -1, 3, \frac{2}{3}; P(x) = 3x^3 - 2x^2 - 3x + 2$

7 Descomposición de un polinomio en factores

Descomponer en factores un polinomio es equivalente a la descomposición en factores primos que hacíamos de números naturales, lo que significa expresarlo como el producto de otros polinomios de primer o segundo grado. Observa que si $x - r_1$ es un factor de la descomposición en factores de un polinomio $P(x)$, entonces:

$$P(x) = (x - r_1)C_1(x)$$

si y sólo si

$$P(r_1) = (r_1 - r_1)C_1(r_1) = 0$$

que es equivalente a que $x = r_1$ es raíz de $P(x)$. Además, si $x = r_2$ es una raíz de $C_1(x)$, entonces:

$$C_1(x) = (x - r_2)C_2(x)$$

que es lo mismo que

$$P(x) = (x - r_1)(x - r_2)C_2(x)$$

si y sólo si $x = r_2$ es raíz de $P(x)$.

Número de factores. Si el grado de un polinomio es n, el número máximo de factores que pueden aparecer en su descomposición es n. Si el polinomio se puede descomponer en factores del tipo $(x - p)$, tienen que aparecer exactamente n factores de este tipo. Nota amarilla

> **Nota**
> Al igual que cuando hablamos de números naturales, decimos que un número es primo si no se puede expresar como producto de números naturales menores que él, esta definición es extensible cuando hablamos de polinomios.
> A este respecto, todos los polinomios de grado 1, es decir, aquéllos de la forma $x - p$ son primos. Además, también son primos aquéllos de grado 2 de la forma $x^2 + bx + c$ en los que el discriminante $b^2 - 4c$ sea negativo y, por tanto, no tenga raíces reales.

Descomposición en factores del tipo $x - p$. Consideramos un polinomio $P(x)$ cuyos coeficientes y cuyas raíces son números enteros y que se puede descomponer en factores del tipo $(x - p)$.

Vamos a ver un procedimiento para calcular esos factores y las raíces de $P(x)$.

Ejercicio resuelto 7.1

Halla las raíces del polinomio $P(x) = x^3 + 3x^2 - 6x - 8$.

Las raíces no nulas de $P(x)$ deben ser divisores del término independiente:

$$\text{Divisores de } 8 = \{1, -1, 2, -2, 4, -4, 8, -8\}$$

Se utiliza la regla de Ruffini hasta encontrar una raíz de $P(x)$.

- Empezaremos probando con el 1:

$$\begin{array}{r|rrrr} & 1 & 3 & -6 & -8 \\ 1 & & 1 & 4 & -2 \\ \hline & 1 & 4 & -2 & -10 \end{array}$$

El resto es distinto de cero, por lo tanto $x = 1$ no es raíz si y sólo si $x - 1$ no es un factor.

- Vamos a probar ahora con $x = -1$

$$\begin{array}{r|rrrr} & 1 & 3 & -6 & -8 \\ -1 & & -1 & -2 & 8 \\ \hline & 1 & 2 & -8 & 0 \end{array}$$

El resto es igual a cero, por lo tanto como $x=-1$ es raíz, $x+1$ es un factor, y así podemos decir que
$$x^3+3x^2-6x-8=(x+1)(x^2+2x-8)$$

A continuación debemos factorizar el polinomio del cociente, que es de grado 2, x^2+2x-8. Tenemos dos formas de realizarlo

- La primera forma es continuar aplicando la regla de Ruffini, probando con más divisores de 8:

  - Se vuelve a probar con $x=-1$, ya que podría ser una raíz doble, y $x+1$, un factor repetido.

    $$\begin{array}{r|rrrr} & 1 & 3 & -6 & -8 \\ -1 & & -1 & -2 & 8 \\ \hline & 1 & 2 & -8 & 0 \\ -1 & & -1 & -1 & \\ \hline & 1 & 1 & -9 & \end{array}$$

    El resto es distinto de cero, por tanto $x=-1$ no es raíz doble.

  - Se sigue probando con el conjunto de divisores, veamos ahora el 2:

    $$\begin{array}{r|rrrr} & 1 & 3 & -6 & -8 \\ -1 & & -1 & -2 & 8 \\ \hline & 1 & 2 & -8 & 0 \\ 2 & & & 2 & 8 \\ \hline & 1 & 4 & 0 & \end{array}$$

    El resto es cero, por lo tanto $x=2$ es raíz y $(x-2)$ es factor. Así, $x^2+2x-8=(x-2)(x+4)$, por lo que $x=-4$ es raíz.
    $$x^3+3x^2-6x-8=(x+1)(x-2)(x+4)$$

- La otra opción es usar la fórmula de resolución de ecuaciones de segundo grado. Esta opción es preferible ya que evita prolongar en exceso la búsqueda de raíces. Hay que notar que el procedimiento de Ruffini no es operativo para hallar soluciones no enteras y es inútil para detectar si no existe solución real de la ecuación. En nuestro caso,
$$x=\frac{-2\pm\sqrt{4+4\cdot 8}}{2}=\frac{-2\pm 6}{2}=-1\pm 3$$
y obtenemos las raíces $x=2$ y $x=-4$.

Hay que tener en cuenta que:

- El procedimiento anterior se puede seguir si el término independiente de $P(x)$ es distinto de cero. Si fuera cero, primero habría que sacar factor común en $P(x)$ y después realizar el proceso anterior.

- En cualquier momento del procedimiento se pueden utilizar las identidades notables.

Ejercicio resuelto 7.2

Descompón en factores el polinomio $P(x) = x^5 + x^4 - 11x^3 - 9x^2 + 18x$.

En primer lugra, se saca factor común:

$$x^5 + x^4 - 11x^3 - 9x^2 + 18x = x(x^4 + x^3 - 11x^2 - 9x + 18)$$

Se obtienen sucesivamente las raíces utilizando la regla de Ruffini.

Divisores de $18 = \{1, -1, 2, -2, 3, -3, 6, -6, 9, -9, 18, -18\}$

	1	1	-11	-9	18
1		1	2	-9	-18
	1	2	-9	-18	0
-2		-2	0	18	
	1	0	-9	0	

De la primera aplicación de la regla de Ruffini concluimos que $x(x^4 + x^3 - 11x^2 - 9x + 18) = x(x-1)(x^3 + 2x^2 - 9x - 18)$ y de la segunda $x(x^4 + x^3 - 11x^2 - 9x + 18) = x(x-1)(x+2)(x^2 - 9)$. El último de los factores, de orden 2, es una identidad notable, que se descompone en $(x^2 - 9) = (x+3)(x-3)$, dando un resultado final de:

$$P(x) = +x^4 - 11x^3 - 9x^2 + 18x = x(x-1)(x+2)(x+3)(x-3)$$

y las raíces de $P(x): x = 1, x = -2, x = -3, x = 3$.

En general, la regla de Ruffini se usa para encontrar raíces de un polinomio y rebajar el grado del polinomio en cada paso. Una vez llegamos a un polinomio de grado 2, éste se descompone usando la fórmula de resolución de ecuaciones de segundo grado, como hemos visto en el ejercicio resuelto 7.

Ejercicios

91. Comprueba que $x = -2$ es una raíz del polinomio $P(x) = x^2 + 7x + 10$ y descomponlo en factores. ¿Cuál es la otra raíz del polinomio?

92. Comprueba que $x = 1$ y $x = -2$ son dos raíces del polinomio $P(x) = x^3 + 4x^2 + x - 6$ y descomponlo como producto de factores. ¿Cuál es su otra raíz?

Ejercicios

93. Determina cuáles son las raíces del siguiente polinomio:

$$P(x) = x(x+3)(x+1)(x-4)(x-5)$$

94. Saca factor común y descompón en factores los siguientes polinomios:

   (a) $9x - 3x^2 + x^3$

   (b) $x^2 - 2x^4 + x^3$

   (c) $3x(x-1) + 4(x-1)$

   (d) $-2x^4 + 4x^6 - 8x^2$

   (e) $25x^3 + 5x^6$

   (f) $-2(x+5) - x^2(x+5)$

95. Descompón en factores los siguientes polinomios sacando factor común y utilizando las identidades notables. Indica cuáles son las raíces de cada polinomio.

   (a) $16x^4 - 4x^2$

   (b) $4x^4 - 12x^3 + 9x^2$

Ejercicios

96. Descompón en factores los siguientes polinomios sacando factor común y utilizando las identidades notables. Indica cuáles son las raíces de cada polinomio.

(a) $25x^6 - 16x^4$

(b) $x^4 - x^2$

(c) $4x^3 + 28x^2 + 49x$

(d) $4x^8 - 9x^6$

(e) $36 - x^2$

(f) $4x^2 + 8x + 4$

(g) $28x^2 - 7$

(h) $13x^3 - 26x^2 - 13x$

(i) $36x^2 + 8x + \frac{4}{9}$

(j) $\frac{1}{4}x^2 - x + 1$

(k) $x^3 + 6x^2 + 9x$

(l) $6x^4 - 12x^3 + 6x^2$

(m) $2x^4 - 8x^2$

(n) $5x^5 + 5x^3$

Ejercicios

97. Descompón en factores los siguientes polinomios utilizando las identidades notables. Indica cuáles son las raíces de cada polinomio.

(a) $x^2 - 2x + 1$

(b) $4x^2 + 4x + 1$

(c) $x^2 - 6x + 9$

(d) $x^4 + 2x^2 + 1$

(e) $9x^2 + 30x + 25$

(f) $x^2 - 1$

(g) $9x^2 - 4$

(h) $49x^2 - 36$

(i) $x^4 - 1$

(j) $x^2 - 25$

(k) $x^3 - 7x + 6$

(l) $x^2 - x - 6$

(m) $x^3 + 4x^2 - 12x$

(n) $x^4 - 5x^2 + 4$

Ejercicios

98. Descompón en factores los siguientes polinomios utilizando las identidades notables. Indica cuáles son las raíces de cada polinomio.

(a) $x^3 - x^2 - 24x - 36$

(b) $2x^5 - 4x^4 - 16x^3 + 36x^2 - 18x$

(c) $x^3 + 3x^2 - 16x - 48$

(d) $3x^4 - 21x^2 + 18x$

(e) $x^3 - 4x^2 - x + 4$

(f) $x^3 + 2x^2 - 9x - 18$

(g) $-4x^2 - 3x + 18$

(h) $x^4 + 4x^3 + 6x^2 + 4x + 1$

(i) $x^3 - x^2 - 4x + 4$

(j) $x^3 + 2x^2 - x - 2$

(k) $-x^4 - 3x^3 + x^2 + 3x$

(l) $x^3 - 1$

(m) $2x^5 + 4x^4 - 6x^3 - 16x^2 - 8x$

(n) $x^6 - 9x^4$

Ejercicios

99. Descompón en factores los siguientes polinomios y calcula sus raíces:

(a) $x^3 - 19x + 30$

(b) $x^4 - 5x^3 + 3x^2 + 9x$

(c) $x^5 - 6x^4 + 11x^3 - 2x^2 - 12x + 8$

(d) $x^3 + 6x^2 + 12x + 8$

(e) $x^4 - 6x^3 + x^2 + 24x - 16$

(f) $x^4 - 2x^3 - 8x^2$

(g) $x^3 - 2x^2 - 5x + 6$

(h) $x^3 + x^2 - 5x + 3$

(i) $2x^4 - x^3 + 5x^2 + x + 3$

(j) $4x^3 - 4x^2 - 11x + 6$

(k) $x^4 - 4x^2$

(l) $6x^5 + 11x^4 + 3x^3 - 3x^2 - x$

(m) $x^6 - 4x^4 - x^2 + 4$

(n) $4x^2 - 4x - 3$

Ejercicios

100. Factoriza los siguientes polinomios indicando las raíces que no sean enteras.

(a) $E(x) = x^3 - 4x^2 - 5x$

(b) $F(x) = 2x^3 - 6x^2 - 18x - 10$

(c) $G(x) = x^3 - 6x^2 + 12x - 8$

(d) $H(x) = x^3 - 3x^2 - 9x + 27$

(e) $I(x) = x^3 - 5x^2 - 2x + 10$

(f) $J(x) = 2x^3 - 5x^2 - x + 6$

101. En cada caso factoriza el polinomio dado y halla sus raíces enteras.

(a) $x^4 - 4x^3 + 2x^2 + 4x - 3$

(b) $9x^2 + 12x + 4$

(c) $x^4 - 16$

(d) $2x^3 + 5x^2 - x - 6$

(e) $6x^3 + 11x^2 + 6x + 1$

(f) $x^4 + 4x^3 - 3x^2 - 3x + 2$

Ejercicios

102. Halla $P(x)$ de forma que:

    (a) $(x-1) \cdot P(x) = x^3 + 4x^2 - 8x + 3$

    (b) $(x-2) \cdot P(x) = x^4 - 2x^3 + 2x - 4$

    (c) $(x-7) \cdot P(x) = x^7 - 7x^6 + x - 7$

103. Sabiendo que el producto de tres polinomios es $x^3 - 6x^2 - x + 30$ y dos de ellos son $x+2$ y $x-5$, ¿cuál será el tercer polinomio?

104. Sea $P(x)$ un polinomio de grado n que se puede descomponer en factores del tipo $(x-r)$. Determina cuántos factores tienen que aparecer en dicha descomposición.

105. ¿Es $x-1$ factor del polinomio $P(x) = x^3 + 2x^2 - x - 2$?

106. Indica si $(x+1)$ y $(x-1)$ son factores del polinomio $P(x) = x^3 - 1$.

Ejercicios

107. Dado el polinomio $P(x) = x^2 + x - 6$, sabiendo que $P(2) = 0$ y $P(-3) = 0$, escribe los factores del polinomio aplicando el teorema del factor.

108. Escribe un polinomio como producto de factores de forma que sus tres únicas raíces sean:

    (a) $x = 3$, $x = -1$ y $x = 2$.

    (b) $x = 0$, $x = 2$ y $x = -5$.

    (c) $x = 7$ y $x = 2$ doble.

    (d) $x = -3$, $x = 3$ y $x = 1$.

109. Considerando la expresión algebraica $T = (9x^2 - 4)^2 - (3x+2)^2$,

    (a) Desarrolla y ordena la expresión T según las potencias decrecientes de x.

    (b) Escribe la expresión obtenida como un producto de factores de primer grado.

    (c) Calcula el valor numérico de T para $x = 0$, $x = \frac{1}{3}$ y $x = 1$

8 Fracciones algebraicas

Una fracción algebraica es el cociente indicado de dos polinomios con el divisor distinto del polinomio nulo.

Dos fracciones algebraicas son equivalentes si el numerador y el deminador de una se obtienen de multiplicar el numerador y el denominador de la otra por un mismo polinomio no nulo, es decir, si al multiplicarlos en cruz el resultado es el mismo. Para simplificar una fracción algebraica se descomponen en factores el numerador y el denominador y se simplifican los factores comunes.

Ejercicio resuelto 8.1

Simplifica la fracción algebraica $\frac{x^2+x-2}{x^3+2x^2+4x}$.

Observa cómo se simplifica esta fracción algebraica:

$$\frac{x^2+x-2}{x^3+2x^2+4x} = \frac{(x-1)(x+2)}{x(x+2)^2} = \frac{x-1}{x(x+2)} = \frac{x-1}{x^2+x}$$

como se puede observar, se factorizan los polinomios del numerador y denominador y luego se tachan los factores que aparezcan en ambos y quedan los restantes.

Máximo común divisor y mínimo común múltiplo de dos polinomios. Consideramos $P(x)$ y $Q(x)$ dos polinomios, para hallar tanto el máximo común divisor como el mínimo común múltiplo de $P(x)$ y $Q(x)$ se sigue un proceso similar al que usábamos cuando tratábamos con números naturales:

1. Se descomponen en factores los dos polinomios.

2. El máximo común divisor es el producto de todos los factores comunes a todas las descomposiciones elevados, cada uno, al menor de los exponentes con el que aparece.

3. El mínimo común múltiplo es el producto de todos los factores que aparecen, y se eleva cada factor al mayor exponente con el que aparece.

Ejercicio resuelto 8.2

Calcula el m.c.d. *y el* m.c.m. *de los polinomios* $P(x) = x^2+x-6$ *y* $Q(x) = x^2-4x+4$.

Tomemos los polinomios $P(x) = x^2+x-6 = (x-2)(x+3)$ y $Q(x) = x^2-4x+4 = (x-2)^2$, los factores comunes y no comunes son $(x-2)$ y $(x+3)$ y los mayores exponentes, 2 y 1, respectivamente. Así, el m.c.d. de $P(x)$ y $Q(x)$ es

$$\text{m.c.d.}(P(x), Q(x)) = (x-2)$$

mientras que el m.c.m. de $P(x)$ y $Q(x)$ es:

$$\text{m.c.m.}(P(x), Q(x)) = (x-2)^2(x+3)$$

Operaciones con fracciones algebraicas. Las operaciones con fracciones algebraicas se hacen de forma similar a las operaciones con fracciones de números enteros.

- **Suma y resta.** Si tienen el mismo denominador, la fracción resultante tiene el mismo denominador y, por numerador, la suma o resta de los numeradores. Si no lo tienen, se hallan fracciones equivalentes que tengan el denominador común. Para simplificar los cálculos se toma como denominador común el mínimo común múltiplo de los denominadores.

Ejercicio resuelto 8.3

Realiza la siguiente suma de fracciones:

$$\frac{x}{x^2+x-6} + \frac{x^2}{x^2-4x+4}$$

En primer lugar descomponemos en factores los polinomios de los denominadores:

$$\frac{x}{(x-2)(x+3)} + \frac{x^2}{(x-2)^2}$$

como hemos visto antes, el m.c.m. de los denominadores es $(x-2)^2(x+3)$, así que ahora reducimos ambas fracciones a común denominador:

$$\frac{x(x-2)}{(x-2)^2(x+3)} + \frac{x^2(x+3)}{(x-2)^2(x+3)}$$

y efectuamos la suma

$$\frac{x^2-2x+x^3+3x^2}{(x-2)^2(x+3)} = \frac{x^3+4x^2-2x}{(x-2)^2(x+3)}$$

- **Multiplicación.** La fracción producto tiene por numerador el producto de los numeradores y por denominador el producto de los denominadores. Antes de realizar los productos, es aconsejable descomponer en factores los numeradores y los denominadores y simplificar.

Ejercicio resuelto 8.4

Realiza la multiplicación $\frac{x+1}{x^2+5x} \cdot \frac{x^2+10x+25}{x^2-1}$.

$$\frac{x+1}{x^2+5x} \cdot \frac{x^2+10x+25}{x^2-1} = \frac{(x+1)(x^2+10x+25)}{(x^2+5x)(x^2-1)} = \frac{(x+1)(x+5)^2}{x(x+5)(x+1)(x-1)} =$$
$$= \frac{x+5}{x(x-1)} = \frac{x+5}{x^2-x}$$

- **División.** Para dividir dos fracciones algebraicas se multiplica la primera por la fracción inversa de la segunda, es decir, por la que resulta de intercambiar el numerador por el denominador.

Ejercicio resuelto 8.5

Haz la división $\dfrac{x+2}{x^2} \div \dfrac{x^2+5x+6}{x^2-x}$.

$$\dfrac{x+2}{x^2} \div \dfrac{x^2+5x+6}{x^2-x} = \dfrac{x+2}{x^2} \cdot \dfrac{x^2-x}{x^2+5x+6} = \dfrac{(x+2)(x^2-x)}{x^2(x^2+5x+6)} =$$

$$= \dfrac{(x+2)x(x-1)}{x^2(x+2)(x+3)} = \dfrac{x-1}{x(x+3)} = \dfrac{x-1}{x^2+3x}$$

Ejercicios

110. Calcula el m.c.m. y el m.c.d. de los siguientes polinomios:

(a) $P(x) = x+2$, $Q(x) = x-2$

(b) $P(x) = x^2 + 2x + 1$, $Q(x) = x^2 - 1$

(c) $P(x) = x+3$, $Q(x) = x-3$, $R(x) = x^2 - 9$

(d) $P(x) = x^3 - 3x^2$, $Q(x) = x^4 + 2x^3 - 15x^2$

(e) $P(x) = x^2 - 5x + 6$, $Q(x) = x^2 - 8x + 15$

(f) $P(x) = x^3 - 7x - 6$, $Q(x) = x^3 + 4x^2 - 11x - 30$

Ejercicios

111. Calcula el m.c.m. y el m.c.d. de los siguientes polinomios:

    (a) $P(x) = x^3 + 3x^2 - 4$ y $Q(x) = x^2 - 2x + 1$.

    (b) $P(x) = x^5 + 3x^4 - 2x^3 - 6x^2 + x + 3$ y $Q(x) = x^3 + 3x^2 - x - 3$.

    (c) $P(x) = x$, $Q(x) = x^2 - x$ y $R(x) = x^3 - 2x^2 + x$.

    (d) $P(x) = 12x^3 - 4x^2 - 3x + 1$ y $Q(x) = 12x^3 - 16x^2 + 7x - 1$.

    (e) $P(x) = x^2 - 6x + 8$, $Q(x) = x^2 - 4$ y $R(x) = 2x^2 - 4x$.

    (f) $P(x) = x^2 + x - 2$ y $Q(x) = x^2 + 2x - 3$

    (g) $P(x) = 2x^2 - 2$ y $Q(x) = 4x - 4$

    (h) $P(x) = x - 1$, $Q(x) = 2x + 2$ y $R(x) = 3x^2 - 3$

    (i) $P(x) = x^2(x - 2)$, $Q(x) = x(x^2 - 4)$ y $R(x) = x^3 - 2x^2$

Ejercicios

112. Simplifica las siguientes fracciones algebraicas:

(a) $\dfrac{x^2-4}{x-2}$

(b) $\dfrac{x^2-9}{x^2-3x}$

(c) $\dfrac{4x^2-9}{4x^2-12x+9}$

(d) $\dfrac{x^2-4}{x^2+5x+6}$

(e) $\dfrac{x^3-x^2-6x}{x^4+5x^3+6x^2}$

(f) $\dfrac{x^4+2x^3-2x-1}{x^4-2x^2+1}$

(g) $\dfrac{x^3-2x^2-8x}{-x^2+2x+8}$

(h) $\dfrac{-x^4+2x^3+3x^2}{x^5-2x^4-3x^2}$

(i) $\dfrac{x^2-9}{(x-3)^2}$

(j) $\dfrac{x^4-x^3}{x^2-1}$

(k) $\dfrac{(x+2)^2}{x^2-4}$

(l) $\dfrac{x^2-4}{x^2+4x+4}$

(m) $\dfrac{x^3-5x^2+8x-4}{x^3-x^2-8x+12}$

Ejercicios

113. Simplifica las siguientes fracciones algebraicas:

    (a) $\dfrac{-2x^4+5x^2+8x-4}{2x^4+7x^3+3x^2-8x-4}$

    (b) $\dfrac{x^4-1}{x^4-2x^3+2x^2-2x+1}$

    (c) $\dfrac{2x^4+x^3-11x^2+11x-3}{x^3+3x^2-8x+3}$

    (d) $\dfrac{x^3-2x^2-9x+18}{x^3-7x^2+16x-12}$

114. Agrupa las fracciones equivalentes entre sí:

$$\dfrac{x^2-1}{x^2+x},\quad \dfrac{x^2-2x-3}{x^2-3x},\quad \dfrac{(x+1)^2}{x^2+x},\quad \dfrac{x-1}{x},\quad \dfrac{x+1}{x}$$

115. Reduce estas fracciones algebraicas a mínimo común denominador:

    (a) $\dfrac{x+1}{x-2},\ \dfrac{3x^2}{x-5}$

    (b) $\dfrac{x}{x+3},\ \dfrac{-1}{2x+6},\ \dfrac{5x}{x^2-9}$

116. Realiza las siguientes sumas y restas de fracciones algebraicas y simplifica los resultados al máximo.

    (a) $\dfrac{x^3}{x+2}+\dfrac{x^3+1}{x}$

    (b) $\dfrac{2x}{5+x}+\dfrac{x^2}{5-x}-\dfrac{x^3+x^2}{25-x^2}$

Ejercicios

117. Realiza las siguientes sumas y restas de fracciones algebraicas y simplifica los resultados al máximo.

(a) $\dfrac{x}{x-1} + \dfrac{2x}{x^2+x-2} - \dfrac{1}{x+2}$

(b) $\dfrac{2x^2}{x^2-3x+2} + \dfrac{x}{x^2+x-2} - \dfrac{x^2}{x^2-1}$

(c) $\dfrac{2x+3}{x-5} + \dfrac{2-x}{x-5}$

(d) $\dfrac{x-7}{3x+3} - \dfrac{x+7}{2x+2}$

(e) $\dfrac{x^2}{x-1} + \dfrac{x^2-x}{x-1} + \dfrac{-x}{x-1}$

(f) $\dfrac{x^2+5x+2}{9-x^2} - \dfrac{x^2+4x-1}{9-x^2}$

(g) $\dfrac{x^2+1}{x^1+2x+1} + \dfrac{x^2}{x+1}$

(h) $\dfrac{x}{x-5} - \dfrac{2x-1}{x+5} - \dfrac{50}{x^2-25}$

(i) $\dfrac{2x^2-x}{x+3} + \dfrac{2x}{x-3} + \dfrac{12x}{9-x^2}$

(j) $\dfrac{1}{x-3} + \dfrac{3x-10}{x^2-6x+8} - \dfrac{2x-7}{x-4}$

Ejercicios

118. Realiza las siguientes sumas y restas de fracciones algebraicas y simplifica los resultados al máximo.

    (a) $\dfrac{x^2-2x}{(2x-3)^2} + \dfrac{x^2-x}{(2x-3)^2}$

    (b) $\dfrac{-2x}{x-1} + \dfrac{1}{x^2+x}$

    (c) $\dfrac{1}{x} + \dfrac{2x}{x^2} + \dfrac{3}{5x^2}$

    (d) $\dfrac{2x+1}{x-3} - \dfrac{3x}{x+3} + \dfrac{4}{x^2+6x+9}$

    (e) $\dfrac{x-1}{x^2-4} + \dfrac{x+1}{x^2+3x-10}$

    (f) $\dfrac{2x}{x^2-4} + \dfrac{x+3}{x-2}$

119. Realiza las siguiente operación de fracciones algebraicas y simplifica los resultados al máximo.

$$\dfrac{3}{x^2-4x+4} - \dfrac{x}{x^2-x-2} + \dfrac{1}{x+1} - \dfrac{6}{x^3-3x^2+4}$$

120. Multiplica y simplifica si es posible:

    (a) $\dfrac{x}{x-1} \cdot \dfrac{x-1}{x^2}$

    (b) $\dfrac{x-3}{x^2} \cdot \dfrac{(x-3)\cdot 2x}{x^2-6x-3}$

Ejercicios

121. Multiplica y simplifica si es posible:

(a) $\dfrac{x^2-4}{x^2} \cdot \dfrac{x}{x+2} \cdot \dfrac{5x}{x-2}$

(b) $\dfrac{x^2-9}{x^2-25} \cdot \dfrac{x+5}{x+3} \cdot \dfrac{x-5}{x^2}$

(c) $\dfrac{x^2-1}{x+3} \cdot \dfrac{x^2-4}{x-1} \cdot \dfrac{x^2-9}{x+2}$

(d) $\dfrac{(x+3)^2}{x^2-9} \cdot \dfrac{x-3}{x^2+6x+9}$

(e) $\dfrac{x+5}{x^2+x} \cdot \dfrac{x-5}{(x+5)^2} \cdot \dfrac{x}{x^2-10x+25}$

(f) $\dfrac{x-5}{x^3-9x} \cdot \dfrac{x^2}{x^2-10x+25}$

122. Divide y simplifica si es posible:

(a) $\dfrac{1}{x^2-1} \div \dfrac{1}{x+1}$

(b) $\dfrac{x^4-1}{x^2} \div \dfrac{x^2+1}{x}$

(c) $\dfrac{(x+3)x}{x^2-9} \div \dfrac{5x^2-2x}{x-3}$

(d) $\dfrac{x^2-2}{(x-2)(x+1)} \div \dfrac{(x-2)(x-1)}{(x-2)^2}$

Ejercicios

123. Divide y simplifica si es posible:

(a) $\dfrac{x^3-x}{2x-4} \div \dfrac{4x+4}{3x-6}$

(b) $\dfrac{x-2}{x+1} \div \dfrac{x^2-4}{x^2+3x-10}$

(c) $\dfrac{x^2-x-2}{x(x-2)} \div \dfrac{x^3+x^2}{x^3}$

(d) $\dfrac{x^2+2x-15}{x^2+5x} \div \dfrac{x-3}{x^3}$

(e) $\dfrac{x^2-6x+9}{x+1} \div \dfrac{x^2-9}{x^2-1}$

124. Opera y simplifica si es posible:

(a) $\dfrac{x}{1+\dfrac{1}{x}} + 1 - \dfrac{1}{x+1}$

(b) $\dfrac{1+\dfrac{1}{x}}{1-\dfrac{1}{x}} \cdot \dfrac{x-1}{x+1}$

(c) $\left(2-\dfrac{3}{x+1}\right) \cdot \left(\dfrac{2}{x+1}-3\right)$

(d) $\dfrac{\dfrac{x+3}{x-3}-\dfrac{x-3}{x+3}}{\dfrac{x-3}{x+3}+\dfrac{x+3}{x-3}}$

Ejercicios

125. Opera y simplifica si es posible:

(a) $\left(x - \dfrac{1}{x}\right)\left(1 - \dfrac{x}{4}\right) - \dfrac{1}{4x}$

(b) $\left[\dfrac{x+1}{4} \div \dfrac{1}{x-1}\right] - \dfrac{x^2-1}{3}$

(c) $\dfrac{x+2}{x} \cdot \left(\dfrac{x}{x-2} - \dfrac{x+1}{x+2}\right) \cdot \dfrac{x}{3x+2}$

(d) $\dfrac{x^2}{x^4 - 4x^2} + \dfrac{x+1}{x^2+2x} \div \dfrac{x-2}{x}$

(e) $\left[\dfrac{x^3-x}{x^2+x} - \dfrac{3x-1}{x+1}\right] \cdot \dfrac{x^2+2x+1}{x-3}$

(f) $\dfrac{a^2}{a \cdot b} + \dfrac{a \cdot b^2}{b^4} - a$

(g) $\dfrac{6}{x+2} - \dfrac{4}{2-x} + \dfrac{16}{x^2-4}$

(h) $\dfrac{a+x}{x^2-a^2} \cdot \dfrac{x-a}{x+a}$

Ejercicios

126. Opera y simplifica si es posible:

(a) $1 + \dfrac{1}{1 + \dfrac{1}{1 + \frac{1}{x}}}$

(b) $\left(x + \dfrac{(x-1)^2}{2-x}\right) \cdot \dfrac{2-x}{2}$

(c) $\dfrac{1 + \frac{1}{x}}{1 - \frac{1}{x^2}}$

(d) $\dfrac{a+b}{a-b} - \dfrac{a-b}{a+b} + \dfrac{a^2}{a^2 - b^2}$

(e) $(a^2 - b^2) \div \left(\dfrac{1}{a} + \dfrac{1}{b}\right)$

(f) $\dfrac{1 + \frac{1}{x}}{1 + \frac{1}{x+1}} \div \dfrac{x+1}{x+2}$

(g) $\dfrac{1 + \frac{x-2}{x+2}}{\frac{x+2}{x-2} - 1}$

Soluciones

1. (a) $3x^2$ (b) $45x^6$ (c) $12x^9$) (d) $-9x^4$ (e) $-4x^8$ (f) $-12x^6$

2. (a) $2x$ (c) $5x^5$ (e) $\frac{2}{7}x$ (g) $\frac{8}{3}x^5$ (i) $\frac{1}{2}x^5$
   (b) $3x^6$ (d) $\frac{5}{3}x^2$ (f) $\frac{8}{3}x^7$ (h) $\frac{-5}{2}x^3$

3. (a) $-2x^3$ (c) $3x^3 + 3x^2 - 6x - 9$ (e) $-3x^4 + 8x^3 + 3x - 1$ (g) $7x$
   (b) $2x^2 + x - 4$ (d) $\frac{-3}{2}x^6 + \frac{5}{2} - x$ (f) $2x$ (h) $\frac{17}{7}x^3$

4. (a)
   - Términos: $8x^3, -2x^2, 5x, 1$
   - Coeficientes: $8, -2, 5, 1$
   - Término independiente: 1
   - Grado: 3

   (b)
   - Términos: $4x^5, x^3, 4x^2$
   - Coeficientes: $4, 0, 1, 4, 0, 0$
   - Término independiente: 0
   - Grado: 5

5. (a) $-5x^6 + 2x^5 + 5x^3 + 5x^2 - 2x$
   (b) $3x^6 + \frac{x^4}{2} + \frac{14x^2 - 4x}{3} + 2$
   (c) $x^3 + \frac{5x^2}{6} - \frac{7x}{6} - 2 + 4$
   (d) $\frac{(\sqrt{2}-5)x^3 - x}{3} + \sqrt{2}x^2 + x^5 - 2$

6. (a) $-5x^2 + 3x^2 - 4$ (b) $3x^4 - 5x^3 + 3$ (c) $+6x + 5x^3 - 8$ (d) $-4x^2 + 2x^3 - 5$

7. (a) $-8x^4 + 6x^3 - x^2 + 2x + 3$ (d) $2x^6 - 3x^5 - 9x^4 - x^2 - 1$ (g) $x^4 - x^3 - 2x^2 + 5x - 4$
   (b) $6x^4 + 6x^3 + 5x^2 - 2x - 7$ (e) $2x^2 - 8x - 2$
   (c) $4x^5 + 7x^4 + x^2 - 3x - 5$ (f) $\frac{6x^4 - 12x^3 - x^2 + 5x}{6}$

8. (a) $\frac{10}{3}x^4 + \frac{1}{3}x^2 + \frac{1}{4}x - 9$ (c) $\frac{19}{3}x^4 + \frac{4}{3}x^2 + \frac{1}{2}x - 15$
   (b) $\frac{8}{3}x^4 + \frac{5}{3}x^2 + \frac{1}{4}x - 3$ (d) $\frac{19}{3}x^4 - \frac{1}{5}x^3 + \frac{4}{3}x^2 + \frac{7}{4}x$

9. (a) $-x^5 - x^4 + 6x^3 - 3x + 5$ (b) $-4x^5 + 7x^3 - 3x^2 - 4x + 9$

10. Dados dos polinomios, $P(x)$ y $Q(x)$, $P(x) + Q(x)$ se compone de la suma de los monomios de $P(x)$ y de $Q(x)$, cuando los monomios no son semejantes la concatenación es conmutativa y cuando son semejantes, la suma de los coeficientes también cumple la propiedad conmutativa. Por tanto, la conmutatividad de la suma de polinomios se deriva de la conmutatividad de la suma de los monomios.

11. (a) $6x^5 - 2x^4 - 12x^3 + 19x^2 - 5x$ (e) $6x^4 + 7x^3 - 17x^2 - 11x + 15$
    (b) $x^7 - x^6 + 3x^5 + x^4 - 20x^3 - 12x^2 - 20x - 24$ (f) $-6x^3 + 7x^2 + 5x - 6$
    (c) $5x^4 - 10x^3 - 9x^2 + 8x + 4$ (g) $8x^3 + 2x^2 - 34x + 12$
    (d) $\frac{41}{4}x^2 - 9x^3 - 3x + \frac{8}{9}$ (h) $6x^9 - 8x^7 + 4x^5 - 8x^4$

12. (a) $35x^7 + 14x^6 - 36x^4 - 6x^3 + 9x$ (f) $x^3 - 27$
    (b) $-15x^{10} + 35x^9 - 24x^8 + 41x^7 - 24x^5 + 10x^4 + 16x^2$ (g) $x^4 - 16$
    (c) $-14x^5 + 25x^4 - 15x^3 + 5x^2 - x$ (h) $x^5 - x^3 + 3x^2 - 1$
    (d) $-3x^5 + 4x^4 + 19x^3 + 13x^2 - 6x - 15$ (i) $x^7 - 6x^5 + 6x^4 - x^3 - 18x^2 + 30x$
    (e) $5x^4 + 8x^3 + 11x^2 + 14x - 8$

13. $(2x^3 - x^2 + 3) \cdot (-x^3 + 2x^2 - 3) = -2x^3 x^3 + 2x^3 \cdot 2x^2 - 2x^3 \cdot 3 + x^2 x^3 - x^2 \cdot 2x^2 + x^2 \cdot 3 - 3x^3 + 3 \cdot 2x^2 - 3 \cdot 3 = -2x^6 + 4x^5 - 6x^3 + x^5 - 2x^4 + 3x^2 - 3x^3 + 6x^2 - 9 = 2x^6 + 5x^5 - 2x^4 - 9x^3 + 9x^2 - 9$

14. (a) $6x^2 - 5xy - 9x - 6y^2 + 20y - 6$ (b) $\frac{3}{8}x^2 - \frac{1}{3}xy - \frac{16}{9}y^2$ (c) $x^4 + 6x^2 y + 9y^2 - z^4$

15. (a) $-4x^4 - 3x^3 + 14x^2 + 23x - 15$ (b) $2x^5 - 4x^4 + 8x^3 - 7x^2 + 7x - 17$ (c) $-\frac{2}{3} + \frac{149x}{30}$

16. (a) $\frac{1}{3}x^4 + \frac{5}{4}x^3 + \frac{11}{4}x^2 + 2x - 3$ (c) $4x^7 + 2x^4 - x^2 + 2x^6 + x^3 - \frac{x}{2}$ (e) $3x^4 + x^2 + \frac{x^6}{5} + \frac{31}{20}x^5 + \frac{x^3}{4}$
    (b) $-2x^4 + 2 + 7x^3 + x^2 + \frac{5}{2}$ (d) $-\frac{5}{4} + \frac{x^4}{10} + \frac{2x^3}{3} + \frac{2x^2}{5}$ (f) $6x - 12$

17. (a) $x^2 + 16$ (b) $5x^3 - 8x$ (c) $3x^2 - 16x + 20$

18. (a) $\frac{5x^2 - 3x + 10}{3}$ (b) $\frac{11x^2 + 14x - 4}{20}$

19. (a) $x^4 - 4x^3 - 4x^2 + 7x - 3$ (d) $3x^8 + 9x^7 - 9x^6 + 16x^5 - 27x^4 - 9x^3 + 5x^2 - 10x - 2$
    (b) $-2x^6 - 12x^5 + 17x^4 - 2x^3 - 5x^2 + 9x - 3$ (e) $3x^7 - 42x^5 + 48x^4 + 21x^3 - 48x^2 + 24x - 1$
    (c) $3x^6 + 9x^5 - 13x^4 - 8x^3 + 3x^2 - x - 5$ (f) $\frac{1}{2}x^4 - \frac{7}{6}x^3 + x^2 - \frac{2}{3}x - \frac{4}{3}$

20. (a) $2x^4 + 6x^3 + 7x^2 - 11x$ (d) $-9x^6 + x^4 - 5x^3 - x^2 - 6x + 2$
    (b) $10x^4 - 9x^3 - 30x^2 + 49x - 13$ (e) $6x^8 + 6x^7 - 3x^6 - 10x^5 + 10x^4 + 33x^3 - 61x^2 + 41x - 10$
    (c) $6x^7 + 10x^6 - 25x^5 + 2x^4 + 43x^3 - 53x^2 + 21x - 2$ (f) $-4x^5 - 11x^3 - 15x^2 + 22x - 4$

21. (a) $3x^3 - \frac{11}{6}x^2 - \frac{2}{3}x + \frac{7}{6}$ (c) $\frac{3}{2}x^4 - 12x^3 - 2x^2 + \frac{23}{3}x - 2$
    (b) $5x^5 + 3x^3 \frac{20}{3}x^4 + \frac{38}{3}x^2 + 10$ (d) $\frac{5x^5}{6} + \frac{x^3}{2} - \frac{35x^4}{9} - \frac{11x^2}{9} + \frac{2}{3}$

22. La respuesta es no a ambas preguntas. Por ejemplo, si sumamos $2x^3$ y $3x^3$ el resultado da $5x^3$, que tiene grado 3 y no 6 que sería la suma de los grados. Y si en lugar de sumar, lo multiplicamos, tenemos que $2x^3 \cdot 3x^3 = 6x^6$, que tiene grado 6 y no 9, que sería el producto de los grados.

23. (a) $x^3 (5x^4 + 2x - 3)$ (c) $-x(x^2 + 2x - 4)$ (e) $3x^2 (3x^4 - x + 2)$
    (b) $-2x^2 (4x^2 - 3x - 2)$ (d) $x\left(\frac{1}{5}x - \frac{3}{10}x^2 + \frac{3}{5}\right)$ (f) $2x(x^5 - 2x + 5)$

24. (a) $-3x^3 (4x^6 - x^3 - 3)$ (b) $x^2 \left(\frac{5}{6}x - \frac{2}{3}x^2 + \frac{1}{12}\right)$ (c) $2x^2 (3x^3 - 2x^2 + 1)$ (d) $\frac{2}{3}x(2x^3 + 7x^2 - 1)$

25. (a) $(x - 2)(-2x - 22)$ (b) $(x + 5)(-11x + 57)$

26. (a) $2x^2$ (c) $3x$
    (b) $4x^2 - 3x + 2$ (d) $13x^4 + 5x^3 - 2x^2 - 3x + 6$

27. (a) $x^2 + 10x + 25$ (e) $9x^4 + 6x^2 + 1$ (i) $9x^{12} - 6x^8 + x^4$ (m) $x^2 - 1$
    (b) $64x^8 + 16x^5 + x^2$ (f) $x^{12} + 4x^{10} + 4x^8$ (j) $4x^6 - 4x^8 + x^{10}$ (n) $x^2 - 4$
    (c) $4x^2 + 12x + 9$ (g) $x^2 - 6x + 9$ (k) $x^{14} - 8x^7 + 16$ (ñ) $9 - x^2$
    (d) $25x^6 + 10x^5 + x^4$ (h) $9x^2 - 12x + 4$ (l) $4x^6 - 4x^4 + x^2$ (o) $x^4 - 1$

28. (a) $4x^2 + 4x^4 + x^6$
    (b) $25x^{18} - 10x^{11} + x^4$
    (c) $25x^{12} + 30x^7 + 9x^2$
    (d) $25x^4 - 40x^2 + 16$
    (e) $49x^8 - 42x^7 + 9x^6$
    (f) $49x^{10} + 56x^7 + 16x^4$
    (g) $9x^4 - 16$
    (h) $4x^{10} - x^6$
    (i) $\frac{x^2}{4} + \frac{xy}{3} + \frac{y^2}{9}$
    (j) $5 - 2\sqrt{15}x + 3x^2$
    (k) $x^4 - x^2y + \frac{y^2}{4}$
    (l) $3 + 2\sqrt{6}x + 2x^2$
    (m) $a^2x^4 + 2abx^2 + b^2$
    (n) $\frac{9x^4}{4} - 12x^2 + 16$
    (ñ) $4x^4 - \frac{9}{4}x^2$

29. (a) $-33x + 10$
    (b) $15x^2 + 3x - 3$
    (c) $6x^4 - 10x^3 + x^2 - x$
    (d) $-6x^5 + 8x^4 + x^3 - 9x^2 - x + 2$
    (e) $x^3 - \frac{9}{10}x + \frac{4}{15}$
    (f) $x^5 + 32$
    (g) $1 - 4x^2 + 2x$
    (h) $-9x^4 + 6x^3 + 20x + 66$

30. (a) $x^4 - 4x^2 + 12x - 9$
    (b) $4x^2 + 4x + 51$

31. (a) $x^6 + 4x^4 + 4x^2$
    (b) $x^9 + 6x^7 + 12x^5 + 8x^3$
    (c) $x^8 + 8x^6 + 14x^4 - 8x^2 + 1$
    (d) $x^{16} + 16x^{14} + 92x^{12} + 208x^{10} + 70x^8 - 208x^6 + 92x^4 - 16x^2 + 1$

32. Primera se calcularía P^2, elevando este nuevamente al cuadrado para obtener P^4 y, nuevamente al cuadrado para obtener P^8. Como una elevación al cuadrado es una multiplicación, implicaría 3 multiplicaciones.

33. (a) $\boxed{\frac{25}{4}x^2} + 9 - 15x = \left(\frac{5}{2}x - 3\right)^2$
    (b) $9x^2 + 54x + \boxed{81} = (3x + 9)^2$

34. (a) $4x^4 - \boxed{4x^3} + x^2 = (2x^2 - x)^2$
    (b) $\boxed{x^6} + 10x^3 + 25 = (x^3 + 5)^2$

35. (a) $\left(\boxed{5x} + 4\right)\left(\boxed{5x} - 4\right) = 25x^2 - 16$
    (b) $\left(2x^2 + \boxed{3x}\right)\left(2x^2 - \boxed{3x}\right) = 4x^4 - 9x^2$
    (c) $\left(3\boxed{x^3} + \boxed{2x^2}\right)\left(3\boxed{x^3} - \boxed{2x^2}\right) = 9x^6 - 4x^4$
    (d) $\left[2\boxed{x^4} + x^{\boxed{2}}\right]\left[2\boxed{x^4} - x^{\boxed{2}}\right] = 4x^8 - x^4$

36. (a) $x^4(3x-1)^2$
    (b) $x^2(x^2+2)^2$
    (c) $4x^2(x^2+2)(x^2-2)$
    (d) $x^4(6x^2+1)^2$

37. (a) $-x^2(x^2-9)(x^2+9)$
    (b) $(5x-4)^2$
    (c) $(x+1)(x-1)$
    (d) $(x^2+3)(x^2-3)$
    (e) $(2x+3)^2$
    (f) $x^2(3x-2)^2$

38. (a) Imposible
    (b) Imposible
    (c) $(x^2-4)(x^2+4)$
    (d) Imposible
    (e) $(x-2)^2$
    (f) Imposible.

39. (a) $4x^2 + a + 9 = 4x^2 + 12x + 9 = (2x+3)^2$
    (b) $x^2 - 10x + a = x^2 - 10x + 25 = (x-5)^2$
    (c) $ax^2 + 12x + 4 = 9x^2 + 12x + 4 = (3x+2)^2$
    (d) $x^4 + a + x^2 = x^4 + 2x^3 + x^2 = (x^2+x)^2$

40. (a) $49x^2 - a + 9 = 49x^2 - 42x + 9 = (7x-3)^2$
    (b) $4x^6 - 4x^3 + a = 4x^6 - 4x^3 + 1 = (2x^3-1)^2$

41. (a) $x^4 + 4x^3 + 6x^2 + 4x + 1$
    (b) $9x^6 - 30x^5 + 31x^4 - 10x^3 + x^2$
    (c) $x^3 + 9x^2 + 27x + 27$
    (d) $x^3 - 9x^2 + 27x - 27$
    (e) $8x^{18} + 36x^{15} - 48x^{14} + 54x^{12} - 144x^{11} + 96x^{10} + 27x^9 - 108x^8 + 144x^7 - 64x^6$
    (f) $x^{12} + 4x^{10} - 12x^9 + 6x^8 - 36x^7 + 58x^6 - 36x^5 + 109x^4 - 120x^3 + 54x^2 - 108x + 81$

42. Si desarrollamos la primera parte de la desigualdad:
$$(x+y+z)^2 = (z+y+x)(z+y+x) = 2zx+2zy+z^2+2yx+y^2+x^2$$

Si desarrollamos la segunda parte:
$$x^2+y^2+z^2+2(xy+xz+yz) = x^2+y^2+z^2+2xy+2xz+2yz$$

que es lo mismo que antes.

43. (a) $C(x) = 4x^4 + 3x^3 - 2x - 5$
    (b) $C(x) = \frac{x^2+2x-3}{3}$
    (c) $C(x) = \frac{3}{2}x^6 - \frac{1}{3}x^4 + x - \frac{1}{10}$
    (d) $C(x) = 2x^3 + 3x^2 - x + 1$
    (e) $C(x) = x^2 + 8$
    (f) $C(x) = -1$ y $R(x) = 3$
    (g) $C(x) = 3x^2 + 2x + 4$ y $R(x) = -x + 9$
    (h) $C(x) = x^3 + 3x$ y $R(x) = 9x + 2$
    (i) $C(x) = x - 8$ y $R(x) = -3x^2 - 23x - 13$
    (j) $C(x) = x - 8$ y $R(x) = -3x^2 - 23x - 13$
    (k) $C(x) = 5x^2 - 11$ y $R(x) = 2x + 12$
    (l) $C(x) = 2x^3 + 3x^2 + 5x + \frac{33}{4}$ y $R(x) = \frac{218x^2+33x-4}{4}$

44. (a) $C(x) = \frac{3x^3}{2} + \frac{5x^2}{4} - \frac{25x}{8} + \frac{25}{16}$ y $-\frac{41}{16}$
    (b) $C(x) = x + \frac{2}{3}$ y $R(x) = -x - \frac{19}{3}$
    (c) $C(x) = 3x^3 - 6x^2 + 10x - 21$ y $R(x) = 46$
    (d) $C(x) = \frac{x^2}{2} - \frac{9x}{4} + \frac{23}{8}$ y $R(x) = -\frac{21}{8}$

45. $a = 5$

46. $C(x) = 2x^3 + 6x^2 - x + 2$ y $R(x) = -2$.

47. No, el resto siempre ha de tener grado inferior al divisor.

48. (a) Entre 4 y 7.
    (b) $C(x)$ grado 4 y $R(x)$ grado entre 0 y 2.

49. $c = 20$

50. (a) $C(x) = 2x^2 + x - 3$ y $R(x) = -x - 3$
    (b) $C(x) = 2x^2 - 3x + 2$ y $R(x) = 3x - 4$
    (c) $C(x) = \frac{3x^3}{2} - x^2 - \frac{13x}{4} - 6$ y $R(x) = -37x - 21$

51. (a) $C(x) = 6x - 21$ y $R(x) = 68$
    (b) $C(x) = -4x^2 - 6x - 29$ y $R(x) = 76x + 91$
    (c) $C(x) = 3x^2 + 2x - 1$ y $R(x) = x$

52. $k = -11$.

53. $C(x) = (x-1)(x+3)$.

54. $a = -4$.

55. (a) $k = -8$.
    (b) $k = -6$.

56. Sí, porque $(-2)^4 + 2(-2)^3 + 5(-2)^2 + 7(-2) - 6 = 0$.

57. (a) $P(2) = -64$. (b) $Q(-1) = -8$. (c) $R\left(\frac{-3}{2}\right) = -42$ (d) $S\left(\frac{2}{5}\right) = \frac{32}{5}$ (e) $T(-3) = 57$.

58. (a) $P(2) = 21$ y $P(-0,15) = -2,95449$ (c) $P(2) = \frac{23}{30}$ y $P(-0,15) = -1,87962$
    (b) $P(2) = 34$ y $P(-0,15) = -1,29763$

59. $2x^5 - 3x^4 + 9x^3 - 11x^2 + 9x - 6$.

60. (a) $2x + 4 + \frac{4x+5}{x^2-2}$ (b) $2x - 1 + \frac{2}{2x+1}$

61. $8x^3 + 18x^2 + 14x + 4$.

62. $(2x^3 + 5x^2 + 3x - 2) - (x^2 + 3x + 1) \cdot (2x - 1) = 4x - 1$

63. (a) $C(x) = 2x^2 - 2$ y $R(x) = -2x + 3$ (b) $C(x) = x^2 + 2x - 1$ y $R(x) = -2x + 3$

64. (a) -7 (c) $-\frac{47}{8}$ (e) -94 (g) -55 (i) 4 (k) 459
    (b) 35 (d) $\frac{1}{2}$ (f) 0 (h) 54 (j) 1 (l) -97

65. $k = 1146$.

66. $m = \frac{32}{3}$.

67. $a = 2$.

68. (a) $k = 1$ (b) $k = \frac{5}{2}$ (c) $k = 6$ (d) $k = \frac{29}{4}$

69. (a) $m = 17$ y $n = 10$ (b) $m = 22$ y $n = 12$

70. (a)

$$\begin{array}{c|ccc} & 1 & -5 & 4 \\ 1 & & 1 & -4 \\ \hline & 1 & -4 & 0 \end{array}$$

$C(x) = x - 4$ y $R(x) = 0$.

(b)

$$\begin{array}{c|cccc} & 2 & 4 & -5 & -1 \\ -2 & & -4 & 0 & 10 \\ \hline & 2 & 0 & -5 & -9 \end{array}$$

$C(x) = 2x^2 - 5$ y $R(x) = -9$.

(c)

$$\begin{array}{c|ccccc} & 5 & 0 & -3 & -1 & 2 \\ -1 & & -5 & 5 & -2 & 3 \\ \hline & 5 & -5 & 2 & -3 & 5 \end{array}$$

$C(x) = 5x^3 - 5x^2 + 2x - 3$ y $R(x) = 5$.

(d)

$$\begin{array}{c|ccccccc} & 1 & 0 & 0 & 0 & 0 & 0 & -4 \\ 2 & & 2 & 4 & 8 & 16 & 32 & 64 \\ \hline & 1 & 2 & 4 & 8 & 16 & 32 & 60 \end{array}$$

$C(x) = x^5 + 2x^4 + 4x^3 + 8x^2 + 16x + 32$ y $R(x) = 60$.

(e)

$$\begin{array}{c|ccccccc} & 5 & 0 & 0 & 0 & -4 & 3 & -1 \\ -1 & & -5 & 5 & -5 & 5 & -1 & -2 \\ \hline & 5 & -5 & 5 & -5 & 1 & 2 & -3 \end{array}$$

$C(x) = 5x^5 - 5x^4 + 5x^3 - 5x^2 + x + 2$ y $R(x) = -3$.

(f)

$$\begin{array}{c|ccccc} & 8 & 0 & -5 & 2 & -5 \\ 1 & & 8 & 8 & 3 & 5 \\ \hline & 8 & 8 & 3 & 5 & 0 \end{array}$$

$C(x) = 8x^3 + 8x^2 + 3x + 5$ y $R(x) = 0$.

71. (a)

$$\begin{array}{r|rrrrrrrrr} & 1 & 0 & 0 & 0 & 0 & 0 & 0 & 0 & -4 \\ -2 & & -2 & 4 & -8 & 16 & -32 & 64 & -128 & 256 \\ \hline & 1 & -2 & 4 & -8 & 16 & -32 & 64 & -128 & 252 \end{array}$$

$C(x) = x^7 - 2x^6 + 4x^5 - 8x^4 + 16x^3 - 32x^2 + 64x - 128$ y $R(x) = 252$.

(b)

$$\begin{array}{r|rrrr} & 2 & -5 & -4 & 3 \\ 3 & & 6 & 3 & -3 \\ \hline & 2 & 1 & -1 & 0 \end{array}$$

$C(x) = 2x^2 + x - 1$ y $R(x) = 0$.

(c)

$$\begin{array}{r|rrrrrr} & 5 & -15 & 10 & 0 & -5 & 0 \\ -2 & & -10 & 50 & -120 & 240 & -470 \\ \hline & 5 & -25 & 60 & -120 & 235 & -470 \end{array}$$

$C(x) = 5x^4 - 25x^3 + 60x^2 - 120x + 235$ y $R(x) = -470$.

(d)

$$\begin{array}{r|rrrr} & -1 & 5 & -6 & 8 \\ \tfrac{1}{2} & & -\tfrac{1}{2} & \tfrac{9}{4} & -\tfrac{15}{8} \\ \hline & -1 & \tfrac{9}{2} & -\tfrac{15}{4} & \tfrac{49}{8} \end{array}$$

$C(x) = -x^2 + \tfrac{9}{2}x - \tfrac{15}{4}$ y $R(x) = \tfrac{49}{8}$.

(e)

$$\begin{array}{r|rrrr} & 2 & 5 & 8 & -1 \\ -4 & & -8 & 12 & -80 \\ \hline & 2 & -3 & 20 & -81 \end{array}$$

$C(x) = 2x^2 - 3x + 20$ y $R(x) = -81$.

(f)

$$\begin{array}{r|rrrrr} & -1 & 0 & 2 & -2 & 5 \\ 2 & & -2 & -4 & -4 & -12 \\ \hline & -1 & -2 & -2 & -6 & -7 \end{array}$$

$C(x) = -x^3 - 2x^2 - 2x - 6$ y $R(x) = -7$.

(g)

$$\begin{array}{r|rrrrr} & 3 & -1 & 0 & -6 & 7 & 0 \\ 6 & & 18 & 102 & 612 & 3636 & 21858 \\ \hline & 3 & 17 & 102 & 606 & 3643 & 21858 \end{array}$$

$C(x) = 3x^4 + 17x^3 + 102x^2 + 606x + 3643$ y $R(x) = 21858$.

(h)

$$\begin{array}{r|rrrr} & -2 & 7 & -4 & 1 \\ -3 & & 6 & -39 & 129 \\ \hline & -2 & 13 & -43 & 130 \end{array}$$

$C(x) = -2x^2 + 13x - 43$ y $R(x) = 130$.

(i)

$$\begin{array}{r|rrrrr} & 1 & -3 & 0 & -5 & 0 & 4 \\ 2 & & 2 & -2 & -4 & -18 & -36 \\ \hline & 1 & -1 & -2 & -9 & -18 & -32 \end{array}$$

$C(x) = x^4 - x^3 - 2x^2 - 9x - 18$ y $R(x) = -32$.

(j)

$$\begin{array}{r|rrrr} & 2 & 5 & 0 & -5 & -2 \\ -2 & & -4 & -2 & 4 & 2 \\ \hline & 2 & 1 & -2 & -1 & 0 \end{array}$$

$C(x) = 2x^3 + x^2 - 2x - 1$ y $R(x) = 0$.

(k)

$$\begin{array}{r|rrrr} & 3 & 8 & 0 & 8 & -3 \\ -3 & & -9 & 3 & -9 & 3 \\ \hline & 3 & -1 & 3 & -1 & 0 \end{array}$$

$C(x) = 3x^3 - x^2 + 3x - 1$ y $R(x) = 0$.

(l)

$$\begin{array}{r|rrrrr} & 2 & -1 & -4 & 1 & 3 \\ \tfrac{3}{2} & & 3 & 3 & -\tfrac{3}{2} & -\tfrac{3}{4} \\ \hline & 2 & 2 & -1 & -\tfrac{1}{2} & \tfrac{9}{4} \end{array}$$

$C(x) = 2x^3 + 2x^2 - x - \tfrac{1}{2}$ y $R(x) = \tfrac{9}{4}$.

(m)

$$\begin{array}{r|rrrr} & -3 & 2 & 1 & -3 \\ -\tfrac{1}{2} & & \tfrac{3}{2} & -\tfrac{7}{4} & \tfrac{3}{8} \\ \hline & -3 & \tfrac{7}{2} & -\tfrac{3}{4} & -\tfrac{21}{8} \end{array}$$

$C(x) = -3x^2 + \tfrac{7}{2}x - \tfrac{3}{4}$ y $R(x) = -\tfrac{21}{8}$.

(n)

$$\begin{array}{r|rrrrr} & 2 & 2 & 2 & 0 & -2 \\ 3 & & 6 & 24 & 78 & 234 \\ \hline & 2 & 8 & 26 & 78 & 232 \end{array}$$

$C(x) = 2x^3 + 8x^2 + 26x + 78$ y $R(x) = 232$.

(ñ)

$$\begin{array}{r|rrrrr} & 1 & 0 & 2 & 0 & -2 & -1 \\ -2 & & -2 & 4 & -12 & 24 & -44 \\ \hline & 1 & -2 & 6 & -12 & 22 & -45 \end{array}$$

$C(x) = \frac{1}{2}x^4 - x^3 + 3x^2 - 6x + 11$ y $R(x) = -\frac{45}{2}$.

(o)

$$\begin{array}{r|rrrrr} & 1 & 3 & -3 & -1 & -4 & 2 \\ -2 & & -2 & -2 & 102 & -18 & -44 \\ \hline & 1 & 1 & -5 & 9 & -22 & 42 \end{array}$$

$C(x) = \frac{1}{2}x^4 + \frac{1}{2}x^3 - \frac{5}{2}x^2 + \frac{9}{2}x - 11$ y $R(x) = 21$.

(p)

$$\begin{array}{r|rrrr} & -2 & -1 & -2 & 1 & 1 \\ \frac{3}{2} & & -3 & -6 & -12 & -\frac{33}{2} \\ \hline & -2 & -4 & -8 & -11 & -\frac{31}{2} \end{array}$$

$C(x) = -x^3 - 2x^2 - 4x - \frac{11}{2}$ y $R(x) = -\frac{31}{4}$.

72. (a) $(1^3 - 1) = 0$. Sí, es exacta.
    (b) $(2^4 - 16) = 0$. Sí, es exacta.
    (c) $(2^2 - 2 \cdot 2 + 4) = 4$. No, no es exacta.
    (d) $(-1)^3 - 3(-1)^2 + 3(-1) - 1 = -8$. No, no es exacta.

73. (a) $0^5 + 2 \cdot 0^4 + 2 \cdot 0^3 - 6 \cdot 0^2 - 3 \cdot 0 + 4 = 4$, no es raíz.
    (b) $1^5 + 2 \cdot 1^4 + 2 \cdot 1^3 - 6 \cdot 1^2 - 3 \cdot 1 + 4 = 0$, sí es raíz.
    (c) $(-1)^5 + 2(-1)^4 + 2(-1)^3 - 6(-1)^2 - 3(-1) + 4 =$, sí es raíz.
    (d) $2^5 + 2 \cdot 2^4 + 2 \cdot 2^3 - 6 \cdot 2^2 - 3 \cdot 2 + 4 = 54$, no es raíz

74. $k = 2$.

75. $k = 8$.

76.

$$\begin{array}{r|rrrr} & 1 & 5 & 3 & -9 \\ -3 & & -3 & -6 & 9 \\ \hline & 1 & 2 & -3 & 0 \\ -3 & & -3 & 3 & \\ \hline & 1 & -1 & 0 & \end{array}$$

Efectivamente, $x = -3$ es raíz doble de $P(x)$.

77. (a) $\pm 1, \pm 3$ (b) $\pm 1, \pm 2, \pm 3, \pm 6$ (c) ± 1 (d) $\pm 1, \pm 5$

78. (a) $x = -\frac{1}{2}$ (d) $x = -1$ (g) $x = \pm 1, x = 9$
    (b) $x = -\frac{3}{5}$ (e) No tiene raíces (h) $x = 1$
    (c) $x = -6$ (f) $x = 4$ (i) $x = \pm 3$

79. (a) $x = 1$ (doble), $x = -3$ (simple) (c) $x = -2$ (doble), $x = 2$ (simple)
    (b) $x = -1$ (doble), $x = 5$ (simple) (d) $x = -2$ (doble), $x = 4$ (simple)

80. (a) $x = 5, x = -5$, ambas simples. (c) $x = \frac{3}{5}$, doble. (e) No hay raíces enteras
    (b) $x = -1$, doble. (d) $x = -5$, doble (f) $x = 4, x = -4$, ambas simples.

81. $k = 18$.

82. (a) $a = 1, b = -5$ (b) $a = \frac{27}{4}, b = \frac{27}{2}$

83. $a = -\frac{5}{2}$ y $b = -1$.

84. $a = \sqrt{3}$ y $b = 2$.

85. Falso, los polinomios $x^2 + 1$ y $x^2 + x + 1$ no tienen ninguna raíz.

86. $x = 4$ no puede ser raíz de $P(x)$, ya que no es divisor del término independiente. En cambio, $x = 3$ sí que puede ser raíz ya que es divisor del término independiente.

87. (a)

$$\begin{array}{r|rrrr} & 4 & -5 & 3 & -2 \\ -2 & & -8 & 26 & -58 \\ \hline & 4 & -13 & 29 & -60 \end{array}$$

$P(-2) = 4(-2)^3 - 5(-2)^2 + 3(-2) - 2 = -60.$

(b)

$$\begin{array}{r|rrrr} & 4 & -5 & 3 & -2 \\ 1 & & 4 & -1 & 2 \\ \hline & 4 & -1 & 2 & 0 \end{array}$$

$P(1) = 4(1)^3 - 5(1)^2 + 3(1) - 2 = 0.$

(c)

$$\begin{array}{r|rrrr} & 4 & -5 & 3 & -2 \\ -3 & & -12 & 51 & -162 \\ \hline & 4 & -17 & 54 & -164 \end{array}$$

$P(-3) = 4(-3)^3 - 5(-3)^2 + 3(-3) - 2 = -164.$

(d)

$$\begin{array}{r|rrrr} & 4 & -5 & 3 & -2 \\ 2 & & 8 & 6 & 18 \\ \hline & 4 & 3 & 9 & 16 \end{array}$$

$P(2) = 4(2)^3 - 5(2)^2 + 3(2) - 2 = 16.$

88. (a)

$$\begin{array}{r|rrrr} & 2 & -3 & -8 & 12 \\ 4 & & 8 & 20 & 48 \\ \hline & 2 & 5 & 12 & 60 \end{array}$$

(b)

$$\begin{array}{r|rrrrr} & 3 & -1 & -6 & 2 & 0 \\ -2 & & -6 & 14 & -16 & 28 \\ \hline & 3 & -7 & 8 & -14 & 28 \end{array}$$

89. (a)

$$\begin{array}{r|rrrrr} & 1 & 6 & 4 & 0 & m \\ -5 & & -5 & -5 & 5 & -25 \\ \hline & 1 & 1 & -1 & 5 & m-25 \end{array}$$

Para que $m - 25 = 25$, entonces $m = 50$.

(b)

$$\begin{array}{r|rrrrr} & 1 & 6 & 4 & 0 & m \\ -5 & & -5 & -5 & 5 & -25 \\ \hline & 1 & 1 & -1 & 5 & m-25 \end{array}$$

Para que la división sea exacta $m - 25 = 0$, entonces $m = 25$.

(c)

$$\begin{array}{r|rrrrr} & m & 5 & 0 & -5 & -2 \\ -\frac{1}{2} & & -\frac{m}{2} & \frac{m-10}{4} & \frac{m-10}{8} & \frac{m-50}{16} \\ \hline & m & 5-\frac{m}{2} & \frac{m-10}{4} & \frac{m-50}{8} & \frac{m-82}{16} \end{array}$$

Para que la división sea exacta $\frac{m-82}{16} = 0$, entonces $m = 82$.

(d)

$$\begin{array}{r|rrrrr} & 1 & m & 5 & -5 & 4 \\ 3 & & 3 & 3m-9 & 9m-12 & 27m-51 \\ \hline & 1 & m-3 & 3m-4 & 9m-17 & 27m-47 \end{array}$$

Para que el resto de la división sea -20, entonces $27m - 47 = -20$, por lo que $m = 1$.

90. (a) $P(-1) = (-1)^3 - 21(-1) + 20 = 40$, $P(4) = (4)^3 - 21(4) + 20 = 0$, $P(5) = (5)^3 - 21(5) + 20 = 40$. $x = 4$ es raíz.

(b) $P(-1) = 3(-1)^3 - 2(-1)^2 - 3(-1) + 2 = 0$, $P(3) = 3(3)^3 - 2(3)^2 - 3(3) + 2 = 56$, $P\left(\frac{2}{3}\right) = 3\left(\frac{2}{3}\right)^3 - 2\left(\frac{2}{3}\right)^2 - 3\left(\frac{2}{3}\right) + 2 = 0$, $x = -1$ y $\frac{2}{3}$ son raíces.

91. $x_{1,2} = \dfrac{-7 \pm \sqrt{7^2 - 4 \cdot 1 \cdot 10}}{2 \cdot 1}$, de donde $x_1 = -2$ y $x_2 = -5$, por lo que $x^2 + 7x + 10 = (x+2)(x+5)$.

92.

		1	4	1	−6
	1		1	5	6
		1	5	6	0
	−2			−2	−6
		1	3	0	

Por tanto, $P(x) = x^3 + 4x^2 + x - 6 = (x-1)(x+2)(x+3)$ y su otra raíz $x = -3$.

93. Las raíces son $x = 0$, $x = -3$, $x = -1$, $x = 4$ y $x = 5$.

94. (a) $x(x^2 - 3x + 9)$ (c) $(3x+4)(x-1)$ (e) $5x^3(x^3+5)$
    (b) $-x^2(x-1)(2x+1)$ (d) $2x^2(2x^4 - x^2 - 4)$ (f) $(x^2+2)(x+5)$

95. (a) $4x^2(2x+1)(2x-1)$, $x = 0$ (doble), $x = \pm\frac{1}{2}$ (b) $x^2(2x-3)^2$, $x = 0$ (doble), $x = \frac{3}{2}$ (doble).

96. (a) $x^4(5x+4)(5x-4)$, $x = 0$ (cuádruple), $x = \pm\frac{4}{5}$ (h) $13x(x^2 - 2x - 1)$, $x = 0$
    (b) $x^2(x-1)(x+1)$, $x = 0$ (doble), $x = \pm 1$ (i) No se puede factorizar.
    (c) $x(2x+7)^2$, $x = -\frac{7}{2}$ (doble), $x = 0$ (j) No se puede factorizar.
    (d) $x^6(2x+3)(2x-3)$, $x = 0$ (séxtuple), $x = \pm\frac{3}{2}$ (k) $x(x+3)^2$, $x = -3$ (doble), $x = 0$
    (e) $(6-x)(6+x)$, $x = \pm 6$ (l) $6x^2(x-1)^2$, $x = 0$ (doble) y $x = 1$ (doble)
    (f) $4(x+1)^2$, $x = -1$ (doble)   (m) $2x^2(x+2)(x-2)$, $x = 0$ (doble), $x = \pm 2$
    (g) $7(2x+1)(2x-1)$, $x = \pm\frac{1}{2}$ (n) $5x^3(x^2+1)$, $x = 0$ (triple)

97. (a) $(x-1)^2$, $x = 1$ (doble)   (h) $(7x-6)(7x+6)$, $x = \pm\frac{6}{7}$
    (b) $(2x+1)^2$, $x = -\frac{1}{2}$ (doble)   (i) $(x^2+1)(x-1)(x+1)$, $x = \pm 1$
    (c) $(x-3)^2$, $x = 3$ (doble)   (j) $(x+5)(x+5)$, $x = \pm 5$
    (d) $(x^2+1)^2$, sin raíces reales.   (k) $(x-1)(x-2)(x+3)$, $x = 1$, $x = 2$, $x = -3$
    (e) $(3x+5)^2$, $x = -\frac{5}{3}$ (l) $(x+2)(x-3)$, $x = -2$, $x = 3$
    (f) $(x-1)(x+1)$, $x = \pm 1$ (m) $x(x-2)(x+6)$, $x = 0$, $x = 2$, $x = -6$
    (g) $(3x+2)(3x-2)$, $x = \pm\frac{2}{3}$ (n) $(x+1)(x-1)(x+2)(x-2)$, $x = \pm 1$, $x = \pm 2$

98. (a) $(x+2)(x+3)(x-6)$, $x = -2$, $x = -3$, $x = 6$ (i) $(x-1)(x+2)(x-2)$, $x = 1$, $x = \pm 2$
    (b) $2x(x-1)^2(x+3)(x-3)$, $x = 0$, $x = 1$ (doble), $x = \pm 3$ (j) $(x+2)(x+1)(x-1)$, $x = -2$, $x = \pm 1$
    (c) $(x+3)(x+4)(x-4)$, $x = -3$, $x = \pm 4$
    (d) $3x(x-1)(x-2)(x+3)$, $x = 0$, $x = 1$, $x = 2$, $x = -3$ (k) $-x(x+3)(x+1)(x-1)$, $x = 0$, $x = -3$, $x = \pm 1$
    (e) $(x-4)(x+1)(x-1)$, $x = 4$, $x = \pm 1$ (l) $(x-1)(x^2+x+1)$, $x = 1$
    (f) $(x+2)(x+3)(x-3)$, $x = -2$, $x = \pm 3$ (m) $2x(x+1)^2(x+2)(x-2)$. $x = 0$, $x = -1$ (doble), $x = \pm 2$
    (g) No se puede factorizar.
    (h) $(x+1)^4$, $x = -1$ (cuádruple)   (n) $x^4(x+3)(x-3)$, raíces: ± 3 y 0 (cuádruple)

99. (a) $(x-2)(x-3)(x+5)$, raíces: $2, 3$ y -5
    (b) $x(x-3)^2(x+1)$, raíces: $0, -1$ y 3 (doble)
    (c) $(x-2)^3(x+1)(x-1)$, raíces: ± 1 y 3 (triple)
    (d) $(x+2)^3$, raíces: -2 (triple)
    (e) No se puede factorizar.
    (f) $x^2(x+2)(x-4)$, raíces: $-2, 4$ y 0 (doble)
    (g) $(x-1)(x+2)(x-3)$, raíces: $-2, 1$ y 3
    (h) $(x-1)^2(x+3)$, raíces: -3 y 1 (doble)
    (i) No se puede factorizar.
    (j) $(x-2)(2x-1)(2x+3)$, raíces: $2, \frac{1}{2}$ y $\frac{-3}{2}$
    (k) $x^2(x+2)(x-2)$, raíces: ± 2 y 0 (doble)
    (l) $x(x+1)^2(3x+1)(2x-1)$, raíces: $0, \frac{-1}{3}, \frac{1}{2}$ y -1 (doble)
    (m) $(x+2)(x-2)(x+1)(x-1)(x^2+1)$, raíces: ± 1 y ± 2
    (n) $(2x+1)(2x-3)$, raíces: $\frac{-1}{2}$ y $\frac{2}{3}$

100. (a) $E(x) = x(x+1)(x-5)$
     (b) $F(x) = 2(x+1)^2(x-5)$
     (c) $G(x) = (x-2)^3$
     (d) $H(x) = (x-3)^2(x+3)$
     (e) $I(x) = (x-5)\left(x+\sqrt{2}\right)\left(x-\sqrt{2}\right)$, las raíces no enteras son $\pm\sqrt{2}$
     (f) $J(x) = (x+1)(x-2)(2x-3)$, la raíz no entera es $\frac{3}{2}$.

101. (a) $(x-1)^2(x+1)(x-3)$, raíces: $-1, 3$ y 1 (doble)
     (b) $(3x+2)^2$, raíces: $-\frac{2}{3}$ (doble)
     (c) $(x+2)(x-2)(x^2+4)$, raíces: ± 2.
     (d) $(x-1)(x+2)(2x+3)$, raíces: $1, -2$ y $\frac{-3}{2}$
     (e) $(x+1)(3x+1)(2x+1)$, raíces: $-1, \frac{-1}{3}$ y $\frac{-1}{2}$
     (f) No se puede factorizar.

102. (a) $P(x) = x^2 + 5x - 3$ (b) $P(x) = \left(x + \sqrt[3]{2}\right)\left(x^2 - \sqrt[3]{2}x + 2^{\frac{2}{3}}\right)$ (c) $P(x) = (x^2+1)(x^4 - x^2 + 1)$

103. $x - 3$

104. n factores.

105. $P(1) = 1^3 + 2 \cdot 1^2 - 1 - 2 = 0$, por lo que $x - 1$ es factor de $P(x)$

106. $P(1) = 1^3 - 1 = 0$ y $P(-1) = (-1)^3 - 1 = -2$, por lo que $(x+1)$ no es factor pero $(x-1)$ sí del polinomio $P(x) = x^3 - 1$.

107. $P(x) = (x-2)(x-3)$.

108. (a) $(x-3)(x+1)(x-2) = x^3 - 4x^2 + x + 6$.
     (b) $x(x-2)(x+5) = x^3 + 3x^2 - 10x$.
     (c) $(x-7)(x-2)^2 = x^3 - 11x^2 + 32x - 28$
     (d) $(x+3)(x-3)(x-1) = x^3 - x^2 - 9x + 9$.

109. (a) $81x^4 - 81x^2 - 12x + 12$ (b) $3(x-1)(3x+2)^2(3x-1)$ (c) $T(0) = 12, T(\frac{1}{3}) = 0$ y $T(1) = 0$

110. (a) m.c.d. $= 1$, m.c.m. $= (x+2)(x-2)$
     (b) m.c.d. $= x+1$, m.c.m. $= (x+1)^2(x-1)$
     (c) m.c.d. $= 1$, m.c.m. $= x^2 - 9$
     (d) m.c.d. $= (x-3)x^2$, m.c.m. $= (x-3)x^2(x+5)$
     (e) m.c.d. $= x-3$, m.c.m. $= (x-5)(x-3)(x-2)$
     (f) m.c.d. $= (x-3)(x+2)$, m.c.m. $= (x-3)(x+1)(x+2)(x+5)$

111. (a) m.c.d. $= x-1$ y m.c.m. $= (x-1)^2(x+2)^2$.
     (b) m.c.d. $= (x-1)(x+1)(x+3)$ y m.c.m. $= (x-1)^2(x+1)^2(x+3)$.
     (c) m.c.d. $= x$, m.c.m. $= (x-1)^2 x$.
     (d) m.c.d. $= (2x-1)(3x-1)$ y m.c.m. $= (1-2x)^2(3x-1)(2x+1)$.
     (e) m.c.d. $= x-2$, m.c.m. $= 2(x-4)(x-2)x(x+2)$.
     (f) m.c.d. $= x-1$ y m.c.m. $= (x-1)(x+2)(x+3)$

(g) m.c.d. $= 2(x-1)$ y m.c.m. $= 4(x-1)(x+1)$ (i) m.c.d. $= (x-2)x$, m.c.m. $= (x-2)x^2(x+2)$

(h) m.c.d. $= 1$, m.c.m. $= 6(x-1)(x+1)$

112. (a) $x+2$ (d) $\frac{x-2}{x+3}$ (g) $-x$ (j) $\frac{x^3}{x+1}$ (m) $\frac{x-1}{x+3}$

(b) $\frac{x+3}{x}$ (e) $\frac{x-3}{x(x+3)}$ (h) $\frac{-x^2+2x+3}{x^3-2x^2-3}$ (k) $\frac{x+2}{x-2}$

(c) $\frac{2x+3}{2x-3}$ (f) $\frac{x+1}{x-1}$ (i) $\frac{x+3}{x-3}$ (l) $\frac{x-2}{x+2}$

113. (a) No se puede simplificar.   (c) No se puede simplificar.

(b) $\frac{x+1}{x-1}$ (d) $\frac{x+3}{x-2}$

114.
$$\frac{x^2-1}{x^2+x} = \frac{x-1}{x}, \quad \frac{x^2-2x-3}{x^2-3x} = \frac{(x+1)^2}{x^2+x} = \frac{x+1}{x}$$

115. (a) $\frac{(x+1)(x-5)}{(x-5)(x-2)}, \frac{3x^2(x-2)}{(x-5)(x-2)}$ (b) $\frac{x\cdot 2(x-3)}{2(x+3)(x-3)}, \frac{(x-3)}{2(x+3)(x-3)}, \frac{5x\cdot 2}{2(x+3)(x-3)}$

116. (a) $\frac{2x^4+2x^3+x+2}{x(x+2)}$ (b) $-\frac{2x}{x-5}$

117. (a) $\frac{x^2+3x+1}{(x+2)(x-1)}$ (c) $\frac{x+5}{x-5}$ (e) $2x$ (g) $\frac{4x^3+2x^2+x+1}{(x+1)(3x+1)}$ (i) $\frac{x(2x+1)}{x+3}$

(b) $\frac{x^4+7x^3+7x^2-2x}{(x+2)(x+1)(x-2)(x-1)}$ (d) $\frac{-x-35}{6(x+1)}$ (f) $\frac{1}{x-3}$ (h) $\frac{x-11}{x+5}$ (j) $-\frac{(x-4)(2x-5)}{(x-3)(x-2)}$

118. (a) $\frac{x}{-3+2x}$ (c) $\frac{15x+3}{5x^2}$ (e) $\frac{2x^2+7x-3}{(x+2)(x+5)(x-2)}$

(b) $\frac{-2x(x^2+x)+x-1}{(x-1)(x^2+x)}$ (d) $\frac{-x^3+13x^2+55x-3}{(x+3)^2(x-3)}$ (f) $\frac{x^2+7x+6}{(x+2)(x-2)}$

119. $\frac{1}{(x-2)^2}$

120. (a) $\frac{1}{x}$ (b) $\frac{2(x-3)^2}{x(x^2-6x-3)}$

121. (a) 5 (c) $(x-3)(x+1)(x-2)$ (e) $\frac{1}{(x-5)(x+5)(x+1)}$

(b) $\frac{x-3}{x^2}$ (d) $\frac{1}{x+3}$ (f) $\frac{x}{(x-5)(x^2-9)}$

122. (a) $\frac{1}{x-1}$ (b) $\frac{(x+1)(x-1)}{x}$ (c) $\frac{1}{5x-2}$ (d) $\frac{x^2-2}{(x+1)(x-1)}$

123. (a) $\frac{3x(x-1)}{8}$ (b) $\frac{(x-2)(x+5)}{(x+2)(x+1)}$ (c) 1 (d) x^2 (e) $\frac{(x-3)(x-1)}{x+3}$

124. (a) x (b) 1 (c) $\frac{-6x^2+x+1}{x^2+2x+1}$ (d) $\frac{6x}{x^2+9}$

125. (a) $\frac{-x^3+4x^2+x-5}{4x}$ (c) $\frac{1}{x-2}$ (e) $x(x+1)$ (g) $\frac{10x+12}{(x+2)(x-2)}$

(b) $\frac{-x^2+1}{12}$ (d) $\frac{1}{x-2}$ (f) $\frac{ab+a-ab^2}{b^2}$ (h) $\frac{1}{x+a}$

126. (a) $\frac{3x+2}{2x+1}$ (c) $\frac{x}{x-1}$ (e) $ab(a-b)$ (g) $\frac{x(x-2)}{2(x+2)}$

(b) $\frac{1}{2}$ (d) $\frac{a^2+4ab}{(a-b)(a+b)}$ (f) $\frac{x+1}{x}$

www.ingramcontent.com/pod-product-compliance
Lightning Source LLC
Chambersburg PA
CBHW041542220426
43664CB00002B/30